A POESIA E A CRÍTICA

ANTONIO CICERO

A poesia e a crítica

Ensaios

Copyright © 2017 by Antonio Cicero

Grafia atualizada segundo o Acordo Ortográfico da Língua Portuguesa de 1990, que entrou em vigor no Brasil em 2009.

Capa
Bloco Gráfico

Foto de capa
Sem título, Geraldo de Barros, 1983
Quadros em laminado plástico (fórmica)
sobre madeira, 90 × 90 cm

Preparação
Andressa Bezerra Corrêa

Revisão
Angela das Neves
Marise Leal

Dados Internacionais de Catalogação na Publicação (CIP)
(Câmara Brasileira do Livro, SP, Brasil)

Cicero, Antonio
A poesia e a crítica : ensaios Antonio Cicero. — 1ª ed. — São Paulo : Companhia das Letras, 2017.

ISBN 978-85-359-2917-1

1. Ensaios brasileiros 2. Poesia – História e crítica I. Título.

17-03480	CDD-869.409

Índice para catálogo sistemático:
1. Ensaios : Literatura brasileira : História e crítica 869.409

[2017]
Todos os direitos desta edição reservados à
EDITORA SCHWARCZ S.A.
Rua Bandeira Paulista, 702, cj. 32
04532-002 — São Paulo — SP
Telefone: (11) 3707-3500
www.companhiadasletras.com.br
www.blogdacompanhia.com.br
facebook.com/companhiadasletras
instagram.com/companhiadasletras
twitter.com/cialetras

Para Marcelo Pies

Sumário

Apresentação 9

1. Encontros e desencontros com a contracultura 11

2. Poesia e preguiça 21

3. A poesia entre o silêncio e a prosa do mundo 43

4. A poesia e a crítica 63

5. Sobre as letras de canções 84

6. O verso 95

7. A poesia de Armando Freitas Filho e a apreensão
   trágica do mundo 100

8. Sobre *Na vertigem do dia*, de Ferreira Gullar 111

9. Sobre o *Poema sujo*, de Ferreira Gullar 118

10. Sobre "A flor e a náusea", de Drummond 130

11. Fernando Pessoa: poesia e razão 144

12. Hölderlin e o destino do homem....................165

13. Sobre *A montanha mágica*, de Thomas Mann........224

Referências bibliográficas..........................229

Apresentação

Escritos entre 2006 e 2016, quase todos os ensaios do presente livro têm a ver com poesia, poetas, poemas e crítica. O primeiro, porém, "Encontros e desencontros com a contracultura", é uma exceção. Incluí-o porque, ao relatar minha relação com a contracultura, ele acaba por falar também de minha relação com a cultura de maneira geral. Achei que isso poderia constituir uma introdução interessante, conquanto insólita, às ideias que desenvolvo nos demais ensaios.

Uma das coisas mais importantes na minha vida é ler poemas. Outra coisa igualmente importante para mim é escrever ou tentar escrever poemas. E uma terceira coisa, também importante, embora não tão vital quanto as duas primeiras, é tentar entender precisamente em que consiste a poesia. O que é que faz de um poema um poema? É neste ponto que entra em jogo a razão crítica.

Os três primeiros ensaios tratam da poesia em si. Em "Poesia e preguiça", sustento que a singularidade do trabalho do poeta é tão grande que esse trabalho — não apenas do ponto de vista de pessoas que desprezam a poesia, mas também para muitos grandes poetas — parece fundir-se com a preguiça. Em "A poesia entre o silêncio e a prosa do mundo", tento mostrar de que modo a poesia é capaz de revelar uma nova dimensão do ser, para quem a lê *comme il faut*. Em "A poesia e a crítica", defendo a crítica literária valorativa e afirmo o sentido e a importância do cânone literário.

O ensaio "Sobre as letras de canções" trata de questões que há muito tempo são discutidas no Brasil, mas ficaram na moda no mundo inteiro, desde que o prêmio Nobel foi dado a Bob Dylan. "O verso" fala do verso.

Os demais ensaios falam de obras de alguns poetas que admiro muito. Começo com o mais jovem deles, Armando Freitas Filho, passo a Ferreira Gullar, depois a Carlos Drummond de Andrade, então a Fernando Pessoa e, finalmente, a Friedrich Hölderlin.

O último texto deste livro — "Sobre *A montanha mágica*" — é, como o primeiro, uma exceção, já que não fala de poesia, poetas, poemas ou crítica. Confesso que o incluí por uma razão sentimental. É que esse romance foi extremamente importante para minha formação intelectual e emocional e, no final das contas, para incentivar meu amor nascente pela literatura e pela filosofia. A palavra alemã *Bildungsroman*, literalmente "romance de formação" descreve o romance que narra o processo de educação ou formação cultural de um personagem jovem. No caso de *A montanha mágica*, tal personagem é o jovem Hans Castorp, que passa por esse processo quando internado num sanatório para tuberculosos, na Suíça. Pois bem, como explico no próprio texto, a leitura desse livro contribuiu de tal modo para minha formação geral que, para mim, ele não deixa de ter funcionado como — forçando um pouco o sentido da palavra — um *Bildungsroman*.

A. C.

1. Encontros e desencontros com a contracultura[1]

In memorian Santuza Cambraia Naves

Na verdade, como normalmente não sou considerado como contracultural, nem por mim nem pelos outros, e não sou um estudioso do assunto, eu inicialmente hesitei muito, ao ser convidado para participar deste seminário. Mas a professora Santuza Cambraia argumentou, muito persuasivamente, que as declarações autobiográficas que eu lhe dera em outra ocasião, a propósito de outros assuntos, eram bastante pertinentes ao tema, de modo que acabei concordando em dar aqui um depoimento um tanto autobiográfico e um tanto reflexivo — mas também confessadamente um tanto precário — sobre a minha percepção da contracultura.

No livro indispensável de Heloisa Buarque de Hollanda, *Impressões de viagem*, ela — acertadamente, a meu ver — distingue,

---

1. Este depoimento foi originalmente publicado como "Encontros e desencontros com a contracultura". In: M. I. Mendes de Almeida e Santuza Cambraia Naves (Orgs.), *"Por que não?": Rupturas e continuidades da contracultura*. Rio de Janeiro: 7Letras, 2007.

na produção poética da contracultura, o Tropicalismo, que a teria inaugurado no Brasil, o Pós-Tropicalismo e a poesia marginal. Nesse caso, a minha ligação se deu principalmente com tropicalistas e pós-tropicalistas. Assim, se tomarmos por base uma das publicações mais importantes da contracultura, a *Navilouca*, é verdade que vários dos artistas que dela participaram de algum modo estiveram ou estão entre os meus melhores amigos e até parceiros de trabalho, ao longo dos anos, de modo que os conto entre os mais importantes interlocutores que tenho ou tive. É o caso de Waly Salomão, que foi, junto com Torquato Neto (que não cheguei a conhecer pessoalmente), o seu editor; de Luciano Figueiredo e Óscar Ramos, seus programadores visuais; e dos colaboradores dessa revista, Caetano Veloso, Jorge Salomão e Duda Machado.

Em 1969, quando eu estudava filosofia na UFRJ, ocorreu o golpe em cima do golpe, que foi o AI-5. Foi muito atingido o Instituto de Filosofia e Ciências Sociais, onde eu estudava e onde tive o privilégio de ter sido aluno de Emmanuel Carneiro Leão e José Américo Pessanha, além de colega de, entre outros, Alex Varella, Eduardo Jardim, Kátia Muricy, Paulo Sérgio Duarte, Ricardo Dick e do saudoso Wilson Coutinho. Em 1968, o Instituto chegara a ser apelidado por um jornal de "a Nanterre brasileira" (o que muito lisonjeou os seus alunos), por ter sido um dos principais centros do movimento estudantil. Vários professores foram cassados e vários alunos foram presos. Eu mesmo, que participava do movimento estudantil, fui algumas vezes acordado de madrugada e levado para ser interrogado num lugar chamado Serviço de Ordem Política e Social (Sops), na praça XV, que — segundo me diziam — era um órgão do Centro de Informações da Marinha (Cenimar).

Não cheguei a ser encarcerado nem torturado ou ameaçado de tortura, mas meu pai ficou muito preocupado e, embora não fosse rico, acabou achando que seria melhor que eu estudasse no exterior. Eu queria ir para Paris, o que constitui outra indicação de que eu não era nada contracultural, uma vez que era Londres que estava se tornando a capital da contracultura europeia. A razão de minha preferência é que não só já conhecia e amava Paris naquela época, mas que, excetuando alguns pensadores como Heidegger, Marcuse, Adorno, Horkheimer e McLuhan, a maior parte dos autores contemporâneos que interessavam a mim e à maioria dos meus colegas do IFCS era francesa: lembro, além dos estruturalistas, de Bachelard, Canguilhem, Piaget, Foucault e, principalmente, Althusser. Meu pai, porém, temendo que eu me envolvesse em política também na França, fez questão de que eu fosse para a Inglaterra.

Meu consolo foi que, na época, eu estava querendo aprofundar meus estudos de lógica e a Inglaterra seria um bom lugar para isso. Graças a uma carta de recomendação do professor Hélio Jaguaribe — que eu conhecia desde criança, pois era um dos maiores amigos do meu pai, e cujo excepcional brilhantismo eu admirava desde minha adolescência —, consegui uma entrevista com o professor Richard Wollheim, chefe do Departamento de Filosofia e Lógica do University College, na Universidade de Londres. Depois de conversar longamente comigo e me pedir meu histórico escolar, ele ficou de entrar em contato dentro de uma semana.

Antes de receber a resposta, resolvi, desobedecendo a meu pai, tentar a sorte em Paris. Minha avó me havia confiado umas encomendas para suas sobrinhas, Dedé e Sandra Gadelha, duas irmãs que eram casadas com, respectivamente, Caetano Veloso e Gilberto Gil — que, nessa época, já estavam exilados em Londres. Embora Dedé e Sandra fossem minhas primas, eu não as conhecia pessoalmente, pois viviam na Bahia. Resolvi passar pela casa delas a caminho da Victoria Station, onde pegaria o trem para Dover.

Toquei a campainha às onze da manhã. Toquei, toquei e ninguém atendeu. Eu já estava desistindo quando apareceu Guilherme Araújo, estremunhado. Disse-lhe que trazia uma encomenda para Sandra, e ele me convidou a entrar. Na casa, todos os outros dormiam. Guilherme acordou Sandra, que — surpreendentemente, diante das circunstâncias — foi muito simpática e me disse que voltasse a procurá-los, quando regressasse de Paris.

Em Paris, tentei, mas não consegui me inscrever na Universidade de Vincennes, onde, por alguma razão, a confusão era grande naquela semana; de todo modo, parece que eu tinha perdido o prazo. Voltei para Londres, onde recebi uma carta do University College, que me havia aceito.

Londres vivia o auge da contracultura. Devo dizer logo que meu interesse por ela era muito pequeno. Eu não gostava nem de rock, nem de drogas, nem rejeitava a sociedade industrial. A contracultura que me influenciou foi outra.

Mais ou menos um mês depois, por pura coincidência, num restaurante frequentado por estudantes, encontrei um contemporâneo meu do Instituto de Filosofia e Ciências Sociais, Ronaldo Bastos — que, se não me engano, já havia iniciado sua famosa parceria com Milton Nascimento —, e fomos juntos passear na feira de Notting Hill Gate. Lá topei com Guilherme Araújo, que me disse que a Sandra e a Dedé queriam muito que eu voltasse à casa delas. Eu era ainda mais tímido do que sou hoje, de modo que acho que não teria ido, se o Ronaldo não tivesse ficado encantado com essa ideia. Acabamos indo juntos, à noite, quando todo mundo estava acordado: Caetano Veloso e Dedé; Gilberto Gil e Sandra; Péricles Cavalcanti, hoje admirável compositor e cantor; Rosa Maria Dias, que hoje é professora de filosofia e autora, entre outras coisas, do belo livro *Nietzsche e a música*; Luiz Fernando Guimarães, que havia sido ator do Teatro Oficina; e, naturalmente, o empresário Guilherme Araújo. O nome de Nietzsche me lembra que foi nessa casa de Chelsea que conheci também Jorge Mautner, que, entre outras coisas, lá orientava um círculo de leitura do *Zaratustra*. Todos eram pessoas extremamente interessantes, inteligentes e, sem dúvida, pelo menos nessa época, *contraculturais*. Quem mais me impressionou, porém, foi Caetano.

Devo confessar que eu não era, na época, muito ligado em música popular. É verdade que eu gostava de bossa nova, de Tom, de Vinicius, de João Gilberto; que já havia ficado impressionadíssimo com a qualidade poética das letras de Bob Dylan, que me haviam sido mostradas por meu irmão, Roberto; e que um grande amigo meu, o Alex Varella, também do IFCS, me havia chamado a atenção para as letras do próprio Caetano. Além disso, o Tropicalismo me parecia ter feito um serviço à cultura brasileira ao jogar na lata de lixo o nacionalismo populista e ao abraçar a modernidade como um valor universal. Embora apreciasse tudo isso, eu, sem nem sequer pensar muito sobre esse fato — sem pensar *suficientemente* sobre ele —, não encarava essas coisas como pertencentes ao registro da poesia que realmente me interessava.

Por isso, não se pode dizer que eu fosse propriamente um tiete de Caetano. Talvez por essa razão eu tenha ficado tanto mais impressionado com a sua inteligência. Caetano, mais do que qualquer outra pessoa que já conheci, genuinamente tinha um modo desarmado de olhar para as coisas que estivéssemos considerando, quer fosse uma canção, uma notícia, uma capa de revista, uma roupa ou um programa de televisão: e isso lhe permitia fazer as mais inesperadas e fecundas associações. Ver as coisas já vistas como se fosse pela primeira vez — isto é, *estranhá-las*, como diziam os formalistas russos — é, de certo modo, uma ambição de grande parte da estética moderna, e já era, abstratamente, um projeto intelectual meu. Eu, porém, nunca tinha visto isso tão autêntica e radicalmente realizado quanto por Caetano. Creio que se, por um lado, isso lhe era natural, tratava-se, por outro lado, de uma aptidão cultivada. Lembro a descrição da fenomenologia que Raymond Aron, chegando de Berlim, onde tinha descoberto Husserl, fez a Sartre: "Você pode fazer filosofia falando deste coquetel", e apontava um copo com um drink. Pois bem, Caetano, com uma espécie de ingenuidade construída, punha entre parênteses as hierarquias convencionais, no que diz respeito ao que é e ao que não é "sério", ao que é "maior" e ao que é "menor", ao que é erudito e ao que é popular, tanto em relação à vida quanto à arte.

Ora, o tipo de inteligência com o qual eu convivera e que admirava quase exclusivamente até então havia sido o de eruditos e intelectuais como meu pai, que tinha sido um dos fundadores do Instituto Superior de Estudos Brasileiros (ISEB), a inteligência dos amigos de meu pai e de alguns professores e colegas do curso de filosofia. Ainda hoje lembro com saudade da época em que, adolescente, participava — como ouvinte, é claro — das reuniões de meu pai com amigos brilhantíssimos como o já citado Hélio Jaguaribe, Candido Mendes, Celso Furtado, Guerreiro Ramos, Roland Corbisier, Rômulo Almeida e outros.

Caetano me revelou um outro tipo de inteligência. Uma coisa extremamente prazerosa e instrutiva, por exemplo, era assistir ao lado dele a um filme qualquer, mesmo que fosse um filme B, na televisão. Os detalhes que ele observava, as associações que fazia, as ilações que se permitia: tudo revelava um espírito extremamente livre, original e fino. A amizade com Caetano e todos os outros — fiquei especialmente próximo de Dedé — foi para mim uma grande experiência emocional e intelectual, e me ajudou a liberar a minha própria inteligência de uma tendência excessivamente intelectualista. Foi, portanto, num sentido muito profundo, uma experiência contracultural.

Hoje creio até que o que aprendi desse modo talvez tenha sido mais fundamental para minha formação do que o que aprendi na Universidade de Londres. Esta representou sobretudo uma diversificação dos meus interesses em matéria de filosofia, pois ela era centrada em filosofia analítica e lógica. No final das contas, acabou sendo muito importante para mim ter estudado Popper, Wittgenstein, Austin, Quine etc.

Devo dizer, ademais, que achei admirável pelo menos um aspecto do estudo universitário na Inglaterra. Trata-se do sistema tutorial. No University College, isso funcionava do seguinte modo: uma vez por semana, um grupo de três alunos se encontrava, por uma hora, com um tutor que acompanhava o desenvolvimento intelectual de cada um deles. Ao cabo do encontro, ele pedia que cada um deles escrevesse, para o encontro seguinte, um ensaio sobre um mesmo tema ou texto filosófico importante, e lhes indicava a bibliografia pertinente. Na aula seguinte, cada aluno lia em voz alta o ensaio que escrevera e, em seguida, defendia-o das críticas a que o submetiam o tutor e os dois colegas. Para mim, essa experiência do tutorial foi muito valiosa, principalmente porque me tocou ter como tutor o professor Ted Honderich, homem extremamente inteligente e sensível, autor de alguns importantes ensaios sobre um assunto que me interessava muito naquele tempo: o determinismo.

Mesmo assim, na época eu era muito cético em relação à instituição universitária como um todo. A derrota americana no Vietnã, maio de 1968 na França, a primavera de Praga, o movimento contracultural norte-americano, a revolução cultural chinesa, o movimento de resistência à ditadura no Brasil etc., toda essa salada mista parecia indicar que o mundo estava em transformação acelerada. Eu achava, assim, que estávamos na iminência de grandes revoluções. Ora, tomando a universidade como parte integrante do aparelho ideológico de reprodução das relações de produção dominantes, eu tinha a impressão de que, em breve, as formalidades corporativas como os títulos ou as carreiras universitárias seriam tão obsoletas quanto os títulos de nobreza.

Até certo ponto, isso coincide com a atitude da contracultura. Assim, por exemplo, Camille Paglia, descrevendo o que aconteceu com ela na década de 1960, quando participou da contracultura, diz o seguinte:

> Tínhamos acreditado que estávamos a caminho de transformar tudo, especialmente a vida acadêmica — pois as universidades eram verdadeiros cemitérios, que precisavam de uma revolução. Não gostávamos da natureza conservadora que a construção de uma carreira significa. Minha geração não entrou nas profissões. Ela queria transformar a cultura do lado de fora do sistema. No âmbito da cultura e da música, as pessoas da minha geração não entraram na universidade ou, se entraram, saíram antes de completar seus cursos. Ou, se completaram, logo no primeiro emprego recusaram-se a entrar no jogo da carreira. Eu também não suportava as palestras ou a bajulação aos catedráticos, aquele horrível jogo corporativo.[2]

Essa atitude era também a minha. É por isso que a universidade na Inglaterra, o conservadorismo acadêmico, o comportamento efetivamente fleumático tanto dos professores quanto dos meus colegas do University College, a obediência às regras da discussão civilizada, o ceticismo em relação ao radicalismo político etc. — posturas que, retrospectivamente, me parecem admiráveis — na época ofendiam os sentimentos revolucionários que eu nutria. Nessas circunstâncias, o que mais me interessava na Universidade de Londres era a sua biblioteca, onde eu passava dias inteiros. Eis por que as conversas longas que eu tinha com Caetano noite adentro são hoje consideradas por mim como mais

2. Camille Paglia, "Paglia faz 'terrorismo cultural'". Entrevista a Edney Silvestre. In: *O Globo*, Rio de Janeiro, 22 dez. 1997. Caderno 2, p. 7.

importantes para minha formação geral — mais importantes, por exemplo, para o poeta Antonio Cicero — do que as aulas da universidade.

De fato, a recusa a separar alta e baixa cultura, radicalmente realizada na vida prática e poética de Caetano, fazia parte de uma recusa das convenções estéticas e, de maneira geral, das convenções sociais. Ligava-se também à recusa ao culto da ascensão social, do trabalho, do consumo e, de maneira geral, ao princípio do desempenho, ao qual opúnhamos, com Marcuse, o princípio do prazer. Marcuse reúne o que, a meu ver, são os dois fundamentos da contracultura: a afirmação do pensamento crítico, que se utiliza, por exemplo, do conceito de mais repressão, e a afirmação da primazia do princípio do prazer. Através desses conceitos, dá-se também a crítica à esquerda tradicional, que acaba, em nome de um mundo futuro, por degradar as possibilidades palpáveis do mundo real do aqui e agora: "cá já", como diz uma letra de Caetano; e "ninguém acredita no mundo real", como diz outra. O próprio "socialismo real", ao se tomar como mera etapa ou meio para a construção do comunismo, desvaloriza a si próprio, isto é, desvaloriza o real, pondo no futuro o seu próprio télos. Ora, é preciso também revolucionar a vida aqui e agora. Foi nesse contexto que parte da contracultura considerou que a maconha, sendo incompatível com o domínio do princípio do desempenho, e as drogas alucinógenas, abrindo perspectivas insuspeitadas pelo pensamento conformista, tinham sentido revolucionário.

Neste ponto, para terminar, quero também indicar uma questão em que não concordo com grande parte da contracultura. Foi Timothy Leary, se não me engano, que propôs a tese de que as drogas possibilitariam uma espécie de consciência ou experiência expandida, e criativa, em relação à qual o estado normal, sóbrio, de consciência seria extremamente limitado e estéril. Ao mesmo tempo, também a loucura passou a ser tomada como um estado de consciência expandida. Foram então considerados similares o louco e o usuário de drogas. No Brasil, a mesma palavra ("louco") passou a ser usada para designar ambos, em oposição aos "caretas". Passou-se igualmente a considerar como similares a repressão tanto à loucura quanto às drogas.

Observe-se que um dos grandes ídolos da contracultura, principalmente na sua segunda fase, que Heloisa Buarque chama de pós-tropicalista, é Antonin Artaud. Ora, o conceito de "loucura" significa muito mais do que não sóbrio ou não careta, e às vezes é usado como o oposto do conceito de "razão". Por outro lado — e isso é ainda mais importante —, esse conceito significa infinitamente mais do que não louco. Entretanto, o próprio modo pelo qual se dá historicamente a oposição entre "razão" e "loucura" acaba sendo um ponto fulcral na crítica que Foucault — por exemplo, em *Histoire de la folie à l'âge classique* — faz ao mundo moderno.

Não menciono Foucault porque pense que ele tenha tido grande influência na contracultura, mas porque o caldo desta inclui o modo de pensar que se manifesta no livro citado. Seja como for, o fato é que, em algum momento, a contracultura acaba por se opor à racionalidade, ou ao menos à "racionalidade ocidental", como se houvesse muitas racionalidades. Desfaz-se, desse modo, uma distinção crucial feita por Kant e desenvolvida por Hegel, entre o entendimento ou o intelecto e a razão. Ora, a destruição da razão é a destruição da própria crítica, que penso ter sido um dos fundamentos da contracultura, e a partir da qual se faz a própria distinção entre o princípio do prazer e o princípio do desempenho. Para mim, por isso, a negação da razão foi um equívoco suicida da contracultura.

2. Poesia e preguiça[1]

Para Adauto Novaes

"Persistimos em crer", afirma T.S. Eliot em seu famoso ensaio sobre a tradição e o talento individual, "que um poeta deve estudar tanto quanto não prejudique sua necessária receptividade e necessária preguiça".[2] Desse modo, um dos poetas mais celebrados e eruditos do século XX reconhece que a receptividade e a preguiça não são, para o poeta, propriedades menos importantes do que a erudição. Com efeito, o romancista e poeta inglês Lawrence Durrell conta ter ouvido de Eliot que "um poeta deve ser deliberadamente preguiçoso. Deve escrever o mínimo".[3]

O senso comum considera a preguiça um vício. Uma pessoa que, apesar de não ser rica, não trabalhe, é taxada de preguiçosa.

---

1. Este ensaio foi originalmente publicado em: Adauto Novaes (Org.), *Mutações: elogio à preguiça*. São Paulo: Sesc, 2012.
2. T. S. Eliot, "Tradition and the individual talent". In:_____. *Selected essays*. Londres: Faber and Faber, 1951, p. 17.
3. Poetry Foundation. Biografia de T.S. Eliot. Disponível em: <www.poetryfoundation. org/poems-and-poets/poets/detail/t-s-eliot>. Acesso em: 15 jan. 2017.

Bertrand Russell, em seu esplêndido "Elogio ao ócio", afirma que foram os ricos, em particular a aristocracia, que incutiram esse preconceito nas demais classes sociais. "A necessidade de manter os pobres contentes", explica ele, "levou os ricos, durante milhares de anos, a pregar a dignidade do trabalho, enquanto cuidavam de se manter indignos nesse particular." E Russell, que era ele próprio de família aristocrática, rememora: "Quando eu era criança lembro de ouvir uma velha duquesa dizer: 'De que servem os feriados para os pobres? O dever deles é trabalhar'".[4]

Assim também o jornalista e escritor satírico norte-americano Ambrose Bierce, em seu *Dicionário do diabo*, define a preguiça como "suspensão de atividade injustificável em pessoa de baixa extração".[5] Nietzsche, em seu *Além do bem e do mal*, afirma que "para as raças laboriosas é um grande fardo suportar o ócio: um golpe de mestre do instinto inglês foi tornar o domingo tão sagrado e tedioso que, sem se dar conta, o cidadão inglês anseia novamente pelos dias de trabalho da semana".[6]

Seja como for, a maior parte dos poetas tendo sido, desde sempre, composta de pessoas que não são materialmente ricas, não é de admirar que o senso comum estranhe sua preguiça. No século XIX, Baudelaire confessa a seus "Diários íntimos":

Foi pelo lazer que, em parte, cresci. Com grande prejuízo, pois o lazer, sem fortuna, aumenta as dívidas, as humilhações resultantes

---

4. Bertrand Russell, "In praise of idleness". In:_____. *In praise of idleness and other essays*. Nova York: Routledge, 2004, p. 7.
5. Ambrose Bierce, *The Devil's dictionary*. Disponível em: <www.gutenberg.org/ebooks/972>. Acesso em: 1º set. 2011.
6. Friedrich Nietzsche, *Além do bem e do mal*. Trad. de Paulo César de Souza. São Paulo: Companhia das Letras, 1992, § 189, p. 89.

das dívidas. Mas com grande lucro, relativamente à sensibilidade, à meditação, e à faculdade do dandismo e do diletantismo.[7]

Creio que, *mutatis mutandis,* aplica-se aos poetas e à poesia o que o filósofo grego do século III, Teles, da escola cínica, disse dos filósofos e da filosofia, ao ouvir alguém afirmar que "a pobreza atrapalha o filosofar, e a riqueza ajuda":

> Não é verdade. Quantos pensas terem sido impedidos de ter ócio por prosperidade e quantos por carência? Ou não vês que em geral os mais pobres filosofam, os ricos pela própria natureza ficam em falta completa de ócio? [...] Como podes pensar que haja tantos impedidos de filosofar pela penúria como pela riqueza? Não vês que pela carência se fortalece a paciência, pela riqueza o oposto? Penso que quando quer que seja possível ao homem conseguir facilmente o que deseja, já não se dispõe ele procurar a verdade, mas, tendo sua riqueza a ajudar sua baixeza, ele não furta a nenhum prazer. E além disso não vês que os ricos, fazendo mais coisas, são impedidos de ter lazer, e os pobres, sem ter o que fazer, começam a filosofar?[8]

Observe-se que, segundo Teles, os ricos, em geral, não têm lazer para filosofar ou para fazer poemas porque, embora não trabalhem, "fazem mais coisas". É que o lazer dos ricos é em geral ocupado por inúmeras atividades, inúmeros e variados programas: ou seja, é um lazer programado. Isso me faz conjecturar que a organização do lazer, que o filósofo Theodor Adorno denuncia como característica do capitalismo tardio já existia, de algum mo-

---

7. Charles Baudelaire, *Oeuvres complètes.* Paris: Laffont,1980, p. 419.
8. Citado por Ioannis Stobaeus, em *Anthologium.* Berlim: Weidman, 1958, livro 4, cap. 32, §21.

do, na Antiguidade.[9] No entanto, Adorno tem razão ao afirmar que "a dicotomia tradicional de trabalho e lazer tende a se tornar cada vez mais reduzida e as 'atividades de lazer' socialmente controladas tomam cada vez mais do tempo livre do indivíduo".[10] E hoje isso não acontece apenas com os ricos. Lembro que o lazer programado inclui não apenas a já mencionada hiperatividade dos ricos — a que já aludia Teles —, mas também, por exemplo, a hiperpassividade do telespectador compulsivo.

O fato é que, paradoxalmente, a revolução cibernética diminuiu ainda mais o tempo livre. Com a internet, os computadores, celulares, tablets etc., nossa época dispõe de uma tecnologia que, além de ter o sentido manifesto de acelerar tanto a comunicação entre as pessoas quanto os processos de aquisição, processamento e produção de informação, permite a automatização de grande parte das tarefas produtivas e administrativas. Seria, portanto, de esperar que, podendo fazer mais rapidamente o que fazíamos outrora, tivéssemos hoje à nossa disposição mais tempo livre. Ora, ocorre exatamente o oposto: quase todo mundo se queixa de não ter mais tempo para nada. De fato, o tempo livre parece ter encolhido muito.

A verdade é que, se não temos mais tempo livre, é porque praticamente todo o nosso tempo está preso. Preso a quê? Ao princípio do trabalho, ou melhor, do desempenho, inclusive nos joguinhos eletrônicos que alguns supõem substituir o que consideram "velharias", como a poesia. Não estamos livres nunca, porque nos encontramos numa cadeia utilitária em que o sentido de cada coisa e pessoa que se encontra no mundo — o sentido inclu-

---

9. Theodor Adorno, "The stars down to earth". The Los Angeles Times astrology column. In: R. Tiedemann (Org.), *Soziologische Schriften II*. Frankfurt: Suhrkamp, 2003, p. 107.
10. Ibid.

sive de cada um de nós — é ser instrumental para outras coisas ou pessoas. Nada e ninguém jamais vale por si, mas apenas como meio para outra coisa ou pessoa que, por sua vez, também funciona como meio para ainda outra coisa ou pessoa, e assim *ad infinitum*. Pode-se dizer que participamos de uma espécie de linha de montagem em moto-contínuo e vicioso, na qual se enquadram as próprias atividades de lazer que se apresentam como diversões.

Isso nos leva a pensar um pouco mais sobre a preguiça que Eliot tem em mente. É que este fala da "necessária preguiça" (*necessary laziness*) do poeta na mesma sentença em que fala de sua "necessária *receptividade*". Para Eliot, portanto, a preguiça receptiva ou a receptividade preguiçosa constitui uma condição necessária da produção poética.

A melhor descrição que conheço desse estado a que se refere Eliot é dada pelo poeta Paul Valéry — que, aliás, era também um autor admirado pelo próprio Eliot. Refiro-me ao trecho do ensaio intitulado "Le Bilan de l'intelligence", em que Valéry fala sobre

> aquela paz essencial nas profundezas do nosso ser, aquela ausência sem preço durante a qual os elementos mais delicados da vida se renovam e se reconfortam, durante a qual o ser, de algum modo, se lava do passado e do futuro, da consciência presente, das obrigações pendentes e das expectativas à espreita… Nenhuma preocupação, nenhum amanhã, nenhuma pressão interior; mas uma espécie de repouso na ausência, uma vacuidade benéfica que devolve ao espírito sua liberdade própria. Ele então se ocupa somente consigo mesmo. Livre de suas obrigações para com o conhecimento prático e desonerado da preocupação com as coisas próximas, ele pode produzir formações puras como cristais.[11]

11. Paul Valéry, "Le Bilan de l'intelligence". In:_____. Œuvres. Paris: Gallimard, 1957, pp. 1068-9.

A preguiça receptiva ou receptividade preguiçosa de que fala Eliot parece-me corresponder a esse estado, descrito por Valéry, de "vacuidade benéfica que devolve ao espírito sua liberdade própria", de modo que ele pode se ocupar somente consigo mesmo. É sem dúvida por conhecer tal estado que Sêneca afirmava que o amor pelas letras tornava-o preguiçoso (*pigrum*) e negligente para com o corpo.[12]

Devo dizer que isso me remete, de fato, à minha experiência pessoal. Se eu quiser escrever, por exemplo, um artigo, um ensaio, uma carta, basta que me aplique a desenvolver e explicar determinadas ideias. Desde que eu *trabalhe* e não desanime, o texto ficará pronto, mais cedo ou mais tarde.

Não é assim com a poesia. A poesia é ciumenta e não aparece a menos que eu ponha à sua disposição todo o meu espírito e mesmo meu corpo, sem garantia nenhuma de que, ainda assim, eu consiga escrever um poema. É até possível que escreva uma sequência de versos; mas, embora quase todos os poemas sejam compostos de sequências de versos, a recíproca não é verdadeira, de modo que pouquíssimas sequências de versos chegam a constituir poemas de verdade. Não me basta *trabalhar* para que nasça um poema. Paradoxalmente, é preciso também, para que nasça um poema, o que se toma como o oposto do trabalho: a preguiça receptiva ou a receptividade preguiçosa. É por isso que até mesmo um poeta que normalmente exalta o "trabalho" do poeta (em oposição à inspiração), como João Cabral de Melo Neto, foi capaz de escrever, numa carta ao poeta Manuel Bandeira: "Ando com muita preguiça e lentidão trabalhando num poema sobre o nosso Capibaribe".[13]

---

12. Lucius Annaeus Seneca, "Epistula LXXXIV". In:_____. *Ad Lucilium epistulae Morales*. Oxford: Clarendon Press, 1972, v. 2.
13. João Cabral de Melo Neto, *Correspondência de Cabral com Bandeira e Drum-*

Podemos entender como a preguiça do poeta corresponde à liberação de passado, de futuro e da consciência presente, de que fala Valéry, se a tomarmos como a recusa daquilo que Henri Bergson denominava "tempo espacializado", que é, por exemplo, o tempo do trabalho convencional.

Nesse contexto, vale a pena citar o poema apropriadamente intitulado "Poética", de Vinicius de Moraes, pois ele subverte os esquemas do trabalho não apenas implicitamente, como, de um modo ou de outro, toda poesia, mas explicitamente:

Poética

De manhã escureço
De dia tardo
De tarde anoiteço
De noite ardo.

A oeste a morte
Contra quem vivo
Do sul cativo
O este é meu norte.

Outros que contem
Passo por passo:
Eu morro ontem

Nasço amanhã
Ando onde há espaço:
— Meu tempo é quando.[14]

---

mond. Org. de Flora Süssekind. Rio de Janeiro: Nova Fronteira, 2001, p. 114.
14. Vinicius de Moraes, *Nova antologia poética*. Org. de Antonio Cicero e Euca-

Dito isso, cito, para acompanhar o poema de Vinicius, uma deliciosa declaração que Hokusai, pintor japonês do século xix, fez quando completou 75 anos:

> Desde seis anos, tenho mania de desenhar as formas das coisas. Aos cinquenta anos, eu tinha publicado uma infinidade de desenhos, mas nada do que fiz antes dos setenta anos vale a pena. Foi aos 73 que compreendi mais ou menos a estrutura da verdadeira natureza dos animais, das árvores, das plantas, dos pássaros, dos peixes e dos insetos.
>
> Consequentemente, quando eu tiver oitenta anos, terei progredido ainda mais; aos noventa, penetrarei no mistério das coisas. Com cem anos, serei um artista maravilhoso. E, quando eu tiver 110, tudo o que eu criar: um ponto, uma linha, tudo será vivo.
>
> Peço aos que viverem tanto quanto eu que vejam como cumpro minha palavra.
>
> *Escrito na idade de 75 anos por mim, outrora Hokusai,*
> *hoje Gwakio Rojin, o velho louco pelo desenho.*[15]

Voltando à preguiça: evidentemente, ela não significa que o poeta não faça coisa nenhuma. Afinal, a palavra "poesia", como se sabe, deriva da grega *poíēsis*,[16] que quer dizer "feitura" ou "produção", e "poeta" vem de *poiētēs*,[17] que quer dizer "aquele que faz ou produz". A ênfase na preguiça significa simplesmente que a gestação do poema tem um sentido completamente diferente do que tem o trabalho utilitário cotidiano. Confundindo-se com con-

---

naã Ferraz. São Paulo: Companhia das Letras, 2005, p. 141.

15. *Le Fou de la peinture: Hokusai et son temps.* Catálogo de exposição do Centre Culturel du Marais. Paris: CRES, 1980, p. 217.

16. Ποίησις.

17. Ποιήτης.

templação, com jogo, com brincadeira ou com a própria vida do poeta, o seu trabalho é muitas vezes invisível para quem o observa de fora. E, como eu já disse, ele tanto pode resultar num poema quanto em nada.

A propósito, leia-se a primeira estrofe do poema "Adam's curse", do grande poeta irlandês William Butler Yeats:

Adam's Curse

We sat together at one summer's end,
That beautiful mild woman, your close friend,
And you and I, and talked of poetry.
I said, "A line will take us hours maybe;
Yet if it does not seem a moment's thought,
Our stitching and unstitching has been naught.
Better go down upon your marrow-bones
And scrub a kitchen pavement, or break stones
Like an old pauper, in all kinds of weather;
For to articulate sweet sounds together
Is to work harder than all these, and yet
Be thought an idler by the noisy set
Of bankers, schoolmasters, and clergymen
The martyrs call the world".[18]

18. William Butler Yeats, "In the Seven Woods". *Yeat's poems*. Org. de A. J. Jeaffares. Londres: Papermac, 1990, p. 132. Tradução literal:

A maldição de Adão

Sentamo-nos lado a lado ao fim do verão,
Aquela moça linda e suave, sua amiga,
E mais você e eu falávamos de poesia.
Eu disse: "Um verso nos custa horas talvez;
Mas se não parecer um pensamento súbito,

Portanto, os poetas são chamados de preguiçosos pelos banqueiros, professores, padres etc. simplesmente porque a gestação do poema tem um sentido completamente diferente do que tem o trabalho utilitário cotidiano. Confundindo-se com contemplação, jogo, brincadeira ou com a própria vida do poeta, ela é muitas vezes invisível para quem a observa de fora. E, como já dito, ela tanto pode resultar num poema quanto em nada.

Na vida utilitária, usamos nossa razão e, em particular, a razão crítica ou o intelecto, para conhecer e controlar o mundo que nos cerca, de modo a fazê-lo satisfazer nossas necessidades ou caprichos. Contudo, a apreensão instrumental do ser não é a única possível. O ser pode também ser apreendido esteticamente. Quando isso ocorre, as distinções instrumentais, estabelecidas pelo intelecto, deixam, momentaneamente, de ter a última palavra. Trata-se então de aceitar o "ser, mais nada, sem qualquer determinação ou preenchimento ulterior".[19] As palavras que acabo de citar provêm do início do primeiro livro da *Ciência da lógica*, de Hegel, intitulado "A doutrina do ser", onde ele se pergunta como deve principiar a ciência. Adorno usa essas mesmas palavras, sem mencionar Hegel, num trecho de *Minima moralia* denominado "Sur l'eau" ("Sobre a água"), título do diário de Maupassant de abril de 1888, cujas primeiras palavras fazem uma advertência:

Todo o escrever e reescrever terá sido inútil.
Antes ficar de joelhos e esfregar
O chão da cozinha ou quebrar pedreiras
Como um proletário, faça chuva, faça sol;
Pois harmonizar entre si doces sons
É trabalho maior que tudo isso, e no entanto
É ser tachado de ocioso pelos falastrões
Dos banqueiros, professores e sacerdotes
Que os mártires chamam 'mundo'".

19. Georg Wilhelm Friedrich Hegel, *Wissenschaft der Logik*. Hamburgo: Felix Meiner,1975, p. 54.

Este diário não contém nenhuma história e nenhuma aventura interessante. Tendo feito, na última primavera, um pequeno cruzeiro pela costa do Mediterrâneo, diverti-me escrevendo, diariamente, o que vi e o que pensei.

Em suma, vi água, sol, nuvens e rochas — não posso relatar outra coisa — e pensei simplesmente, como se pensa quando a vaga nos embala, nos entorpece e nos carrega.[20]

Isso lembra um poema de Fernando Pessoa, ou melhor, de seu heterônimo Alberto Caeiro, que diz:

Sou um guardador de rebanhos.
O rebanho é os meus pensamentos
E os meus pensamentos são todos sensações.
Penso com os olhos e com os ouvidos
E com as mãos e os pés
E com o nariz e a boca.

Pensar uma flor é vê-la e cheirá-la
E comer um fruto é saber-lhe o sentido.

Por isso quando num dia de calor
Me sinto triste de gozá-lo tanto,
E me deito ao comprido na erva,
E fecho os olhos quentes,
Sinto todo o meu corpo deitado na realidade,
Sei a verdade e sou feliz.[21]

---

20. Guy de Maupassant, *Sur l'eau*. Paris: Gallimard, 1993, p. 4.
21. Fernando Pessoa, "Ficções do interlúdio/ Poemas completos de Alberto Caeiro". *Obra poética*. Org. de M. A. Galhoz. Rio de Janeiro: Nova Aguilar, 1986, p. 212.

Tanto nesse poema quanto no trecho citado do diário de Maupassant, percebe-se a articulação entre a apreensão estética do ser e a preguiça. Ela se manifesta também no trecho mencionado de *Minima moralia*:

> *Rien faire comme une bête* [nada fazer como um bicho], deitar na água e calmamente olhar para o céu, "ser, nada mais, sem qualquer determinação ou realização ulterior" poderiam tomar o lugar de processo, ato, realização, e assim verdadeiramente cumprir a promessa da lógica dialética de desembocar em sua origem. Nenhum dos conceitos abstratos chega mais perto da utopia realizada do que o da paz eterna.[22]

A verdade, porém, é que a lógica — dialética ou não — jamais poderia desembocar no ser "sem qualquer determinação ou realização ulterior" porque, consistindo, como já foi dito, numa manifestação da razão crítica, sua função primordial — na *Ciência da lógica* de Hegel, não menos que no *Organon* de Aristóteles — é exatamente cindir, isto é, determinar esse ser absolutamente indeterminado.

Não é, portanto, à lógica, mas à poesia que incumbe alcançar essa apreensão do ser que chamamos, de acordo com a tradição, mais que com a etimologia, de "estética". Mas a poesia não poderia alcançar essa apreensão através da simples renúncia à linguagem. Isso, caso fosse possível, não passaria de uma regressão ao inarticulado. A poesia não pode nem simplesmente recusar a linguagem nem simplesmente submeter-se à linguagem prática ou cognitiva. Não lhe seria possível nem desejável apagar a luz da razão crítica.

22. Adorno, *Minima moralia*. Frankfurt: Suhrkamp, 1969, § 100, p. 208.

O que a poesia pode fazer e efetivamente faz é usar a linguagem de um modo que, do ponto de vista da linguagem prática ou cognitiva aparece como *perverso*, pois se recusa, por exemplo, a aceitar a discernibilidade entre significante e significado, que constitui uma condição necessária para usar as palavras como signos, e as toma como coisas concretas.

Separar, por um lado, o que um texto diz (isto é, seu significado) e, por outro, o seu modo de dizê-lo (isto é, seu significante) é abstrair o significado do significante. Quando conto a alguém, em minhas próprias palavras, uma notícia que li no jornal, ou quando faço uma paráfrase de um ensaio de filosofia, ou quando traduzo a bula de um remédio, estou abstraindo dos textos, que são os significantes originais, os seus significados. Num poema de verdade, semelhante abstração não pode ser feita sem trair tanto a totalidade significante-significado do poema quanto o próprio significado abstraído. Isso significa que o verdadeiro poema é sempre essencialmente concreto no sentido de consistir numa síntese indecomponível de determinações semânticas, sintáticas, morfológicas, fonológicas, rítmicas etc. Observo que "concreto" nesse contexto não significa "concretista". O poeta Haroldo de Campos, aliás, afirmou que a experiência concretista, "como experiência de limites", longe de clausurá-lo ou enclausurá-lo, ensinou-lhe

a ver o concreto na poesia; a transcender o "ismo" particularizante, para encarar a poesia, transtemporalmente, como um processo global e aberto de concreção sígnica, atualizado de modo sempre diferente nas várias épocas da história literária e nas várias ocasiões materializáveis da linguagem (das linguagens). Safo e Bashô, Dante e Camões, Sá de Miranda e Fernando Pessoa, Hölderlin e

Celan, Góngora e Mallarmé são, para mim, nessa acepção fundamental, poetas concretos (o "ismo" aqui não faz sentido).[23]

O poeta Ivan Junqueira — que nada tinha de "concretista" — descreve o caráter concreto da relação entre o poeta e sua obra no seguinte poema:

O poema

Não sou eu que escrevo o meu poema:
ele é que se escreve e que se pensa,
como um polvo a distender-se, lento,
no fundo das águas, entre anêmonas
que nos abismos do mar despencam.

Ele é que se escreve com a pena
da memória, do amor, do tormento,
de tudo o que aos poucos se relembra:
um rosto, uma paisagem, a intensa
pulsação da luz manhã adentro.

Ele se escreve vindo do centro
de si mesmo, sempre se contendo.
É medido, estrito, minudente,
música sem clave ou instrumentos
que se escuta entre o som e o silêncio.

---

23. Haroldo de Campos, "Poesia e modernidade. Da morte do verso à constelação. O poema pós-utópico". *O arco-íris branco*. Rio de Janeiro: Imago, 1997, p. 269.

As palavras com que em vão ao invento
não são mais que ociosos ornamentos,
e nenhuma gala lhe acrescentam.
Seja belo ou, ao invés, horrendo,
a ele é que cabe todo engenho,

não a mim, que apenas o contemplo
como um sonho que se sustenta
sobre o nada, quando o mito e a lenda
eram as vísceras de que o poema
se servia para ir-se escrevendo.[24]

Sendo assim, o poema é análogo a outras obras de arte. Tomemos como exemplo de obra de arte um dos quadros em que Rembrandt retrata um velho. Numa pintura, por exemplo, seu tema é apenas um dos seus elementos. O velho é um dos elementos da pintura. Não podemos mais saber se o retrato lhe é fiel; não sabemos sequer se esse velho realmente existiu. O que realmente importa é o que Rembrandt, o pintor, faz no processo de produção de sua obra, no seu embate e jogo com a matéria da pintura. É então que surgem, para ele, novas ideias e ambições, assim como novos problemas concretos. A cada passo, o pintor é solicitado pela própria pintura a desenvolver novas soluções pictóricas, em função tanto das necessidades de cada situação imprevista quanto das oportunidades que antes não existiam. Essas soluções não são apenas o produto das ideias que já se encontram prontas, "escritas na alma" do pintor, mas da combinação de todas as faculdades do artista, além de técnica, inspiração, experiência etc.

Quando a obra fica pronta, o jogo dessas mesmas faculdades será a fonte do prazer estético de quem a contemplar. A medida

---

24. Ivan Junqueira, *Essa música*. Rio de Janeiro: Rocco, 2014, pp. 9-10.

com que a obra provocar esse jogo será a medida do seu valor estético. Desse modo, esse jogo produzirá um pensamento que não é puramente intelectual, mas que se dá também através de cores, luzes, sombras, linhas, planos, volumes etc. Todas essas coisas brincarão umas com as outras no espírito de quem apreciar tal pintura. No final, o quadro não é apenas sobre o velho, embora o velho faça parte de tudo o que o quadro é.

No fundo, o tema do quadro é apenas um dos seus elementos. O quadro é aquilo sobre o qual nós, que o apreciamos, pensaremos e falaremos. Pois bem, assim são os poemas: objetos de palavras, com todos os seus sentidos, seus referentes, seus sons, seus ritmos, suas sugestões, seus ecos.

Um poema de Juan Ramón Jiménez diz:

Te deshojé, como una rosa,
para verte tu alma.
y no la vi.

Mas todo en torno
— horizontes de tierras y de mares —,
todo, hasta el infinito,
se colmó de una esencia
inmensa y viva.[25]

Penso que, ao "desfolhar", por assim dizer, um grande poema, isto é, ao lê-lo como ele deve ser lido, jamais chegamos a

---

25. Juan Ramón Jiménez, *Diary of a newlywed poet / Diario de um poeta recién casado*. Ed. bilíngue. Trad. de Hugh A. Harter. Susquehanna: Susquehanna University Press, 2004. "Desfolhei-te, como uma rosa,/ para ver tua alma/ e não a vi. // Mas tudo em torno/ — horizontes de terras e de mares —,/ tudo, até o infinito,/ cobriu-se de uma essência/ imensa e viva." [Tradução minha.]

encontrar uma proposição que nos dê a sua essência ou "alma"; no entanto, tudo se inunda de uma essência imensa e viva.

Exatamente porque recusa as distinções e categorias da razão crítica, a importância e o papel que cada uma das determinações de um poema possui jamais é dada a priori. Pela mesma razão, enquanto, por exemplo, contradições, ambiguidades, falácias etc. constituem defeitos em textos teóricos, elas podem perfeitamente representar elementos expressivos num poema. É o caso, por exemplo, do seguinte poema de Catulo:

Carmen LXXXV

Odi et amo: quare id faciam, fortasse requiris.
Nescio, sed fieri sentio et excrucior.[26]

Composto de oito verbos e nenhum substantivo ou adjetivo, esse dístico tem sido merecidamente elogiado pela sua compressão e força. É por semelhantes procedimentos que, na poesia, as figuras de linguagem têm a função de anular as distinções utilitárias, em proveito da apreensão estética.

Sendo produto do trabalho e da preguiça — do trabalho-preguiça — do poeta, não há tempo de trabalho normal para a feitura de um poema, como há, em geral, para a produção de uma mercadoria. Bandeira conta, por exemplo, que demorou anos para terminar o seu poema "Vou-me embora pra Pasárgada".[27]

O poeta Baudelaire emprega a expressão *féconde paresse* nu-

---

26. Catulo, *Poesías* (*Selección*). Org. de José Vergés. Barcelona: Bosch, 1967, p. 63. Tradução literal: "Odeio e amo. Por que o faço, talvez perguntes./ Não sei, mas sinto ocorrer e me torturo".

27. Manuel Bandeira,"Itinerário de Pasárgada". In:_____. *Seleta de prosa*. Org. de Júlio Castañon Guimarães. Rio de Janeiro: Nova Fronteira, 1997, p. 341.

ma estrofe do poema "La chevelure", de *Les Fleurs du mal* [*As flores do mal*]:

> *Je plongerai ma tête amoureuse d'ivresse*
> *Dans ce noir océan où l'autre est enfermé;*
> *Et mon esprit subtil que le roulis caresse*
> *Saura vous retrouver, ô féconde paresse*[28]

Aqui, uma das rimas de *paresse* ("preguiça") é *ivresse* ("embriaguez"). O poeta fala da embriaguez que lhe provoca uma cabeleira aromática de mulher e na estrofe citada diz, entre outras coisas, querer mergulhar "nesse doce oceano em que se encerra o outro". Um verso que termina em *caresse* ("carícia"), que é outra rima para *paresse*, fala da carícia que *em seu espírito sutil* faz o balanço das vagas. Isso lembra que, numa estrofe anterior, ele havia dito que *"Comme d'autres esprits voguent sur la musique,/ Le mien, ô mon amour! nage sur ton parfum"* ["Como outros espíritos vogam sobre a música,/ O meu, ó meu amor! nada em teu perfume"].

Desse modo, a preguiça, carícia e embriaguez — *paresse, caresse, ivresse* —, às quais o poeta se entrega, abolem as fronteiras entre o espírito e a matéria, a atividade e a passividade, o sujeito e o objeto.

Lembro que, em *"Du vin et du hachisch comparés comme moyens de multiplication de l'individualité"* ["Sobre o vinho e o haxixe comparados como meios de multiplicação da individualidade"], Baudelaire, dizendo pensar exatamente como o teórico musical Auguste Barbereau, atribui-lhe a seguinte consideração:

---

28. Baudelaire, op. cit., p. 19. Tradução literal: "Mergulharei a cabeça embriagadamente apaixonada/ Nesse negro oceano em que o outro está encerrado;/ E meu espírito sutil que o balanço acaricia/ Saberá reencontrar-te, ó fecunda preguiça".

Não compreendo por que o homem racional e espiritual se serve de meios artificiais para atingir a beatitude poética, já que o entusiasmo e a vontade bastam para elevá-lo a uma existência supranatural. Os grandes poetas, os filósofos, os profetas são seres que pelo puro e livre exercício da vontade atingem um estado em que são simultaneamente causa e efeito, sujeito e objeto, magnetizador e sonâmbulo.[29]

Sem dúvida Barbereau e Baudelaire têm em mente o estado em que os objetos exteriores, como diz Baudelaire, "entram no teu ser, ou então tu entras neles".[30] Em outras palavras, o sujeito se confunde com os objetos.[31] "Eis aqui", diz ele, "uma árvore mugindo ao vento e relatando à natureza melodias vegetais. Agora você plaina no azul do céu imensamente ampliado."[32] E adiante: "As águas correntes, os esguichos de água, as cascatas harmoniosas, a imensidão azul do mar rolam, dormem, cantam no fundo do seu espírito".[33] Aqui não podemos deixar de nos lembrar tanto do *Sur l'eau* de Maupassant, quanto da sua apropriação por Adorno, que citamos antes.

Contudo, esse estado em que o próprio tempo é capaz de desaparecer completamente não é, segundo Baudelaire, comum a todas as pessoas que fumam haxixe, mas apenas aos "espíritos artísticos e filosóficos".[34] Com efeito, ele afirma que a impessoalidade e o "objetivismo" que descreveu não passam do desenvolvimento excessivo do espírito poético.[35]

29. Ibid., p. 228.
30. Ibid., p. 224.
31. Ibid., p. 225.
32. Ibid.
33. Ibid.
34. Ibid., p. 226.
35. Ibid., p. 227.

Evidentemente, o que Baudelaire chama nesse texto de "objetivismo" consiste, na verdade, na abolição parcial e temporária de uma cisão rígida do mundo entre sujeito e objeto. Ora, como já foi dito, essa dicotomia efetuada pela razão crítica — bem como as que distinguem espírito e matéria, atividade e passividade, causa e efeito, universal e particular etc. — encontra-se entre as condições habituais do pensamento dianoético, seja prático, seja teórico.

O pensamento poético opõe-se, portanto, a essas modalidades de pensamento. Tornada possível pelo estado de preguiça fecunda, a relativização das dicotomias reproduz-se no próprio poema. Com efeito, o que pensa no poema é também a sua materialidade linguística: sua sonoridade, seu ritmo, suas rimas, suas aliterações etc., isto é, não apenas os seus significados, mas os seus significantes; e estes não se separam, no poema, daqueles.

Para terminar, tentemos esquematicamente reconstituir a feitura de um poema. Em princípio, tudo nele é arbitrário. O poeta contemporâneo sabe que a poesia é compatível com uma infinidade de formas e temas. Ele tem o direito de usar qualquer das formas tradicionais do verso, o direito de modificá-las e o direito de inventar novas formas para os seus poemas. Nenhuma opção lhe é vedada a priori; em compensação, nenhuma opção lhe confere garantia alguma de que sua obra venha a ter qualquer valor.

O poema se desenvolve a partir de alguma decisão ou de algum acaso inicial. Por exemplo, ocorre ao poeta, em primeiro lugar, uma frase que ouviu no metrô; a partir dela, esboça-se uma ideia: e ele começa a fazer um poema. Ou então lhe ocorre uma ideia e ele tenta desdobrá-la e realizá-la concretamente. A cada passo, é preciso fazer escolhas. Em algum momento — seja no início, seja no meio do trabalho — impõe-se decidir a estrutura global do poema: se será longo ou curto; se será dividido em estrofes; se seus versos serão livres ou metrificados; se serão rimados ou brancos; se o poema como um todo terá um formato tradicional, como um soneto, ou uma forma inventada, sui generis etc. Às vezes, uma primeira decisão parece impor todas as demais, que vêm como que natural e impensadamente; às vezes, certos momentos se dão como crises que aguardam soluções. Às vezes, é preciso refazer tudo.

Cada escolha que o poeta faz limita a liberdade vertiginosa de que ele dispunha antes de começar a escrever. As restrições devidas a formas autoimpostas são importantes, porque exatamente o esforço consciente e obsessivo para tentar resolver a tensão entre elas e o impulso expressivo são os fatores que mais propiciam a ocorrência de intervenções felizes do acaso e do inconsciente: o que, de certo modo, dissolve a dicotomia tradicional entre a inspiração, por um lado, e a arte ou o trabalho, por outro.

O poeta revê frequentemente o poema *in faciendi*: retira-lhe tudo o que não lhe pertence por direito, modifica o que deve ser modificado, adiciona o que falta, reduz o poema ao que deve ser e apenas ao que deve ser. Isso é feito até o impossível, ou seja, até que o poema resplandeça. O que resplandece é o que vale por si: o que merece existir.

Para tentar chegar a esse ponto, o poeta necessita pôr em jogo, até aonde não possam mais ir, todos os recursos de que dispõe: todo seu tempo, seu intelecto, sua imaginação, sua sensibilidade, sua intuição, sua razão, sua sensualidade, sua experiência, seu vocabulário, seu conhecimento, seu senso de humor, emoção, cultura, crítica etc. E entre as "cetera" encontra-se a capacidade de, a cada momento, intuir o que interessa e o que não interessa naquilo que o acaso e o inconsciente ofereçam.

Assim, numa época em que "tempo é dinheiro", a poesia se compraz em esbanjar o tempo do poeta, que navega ao sabor do poema. Mas exatamente o poema em que a poesia esbanjou o tempo do poeta é aquele que também dissipará o tempo do leitor ideal, que se deleita ao flanar pelas linhas dos poemas que mereçam uma leitura por um lado vagarosa, por outro, ligeira; por um lado reflexiva, por outro, intuitiva; por um lado auscultativa, por outro, conotativa; por um lado prospectiva, por outro, retrospectiva; por um lado linear, por outro, não linear; por um lado imanente, por outro, transcendente; por um lado imaginativa, por outro, precisa; por um lado intelectual, por outro, sensual; por um lado ingênua, por outro, informada. Ora, é por essa temporalidade concreta — que se põe no lugar da temporalidade abstrata do cotidiano e que se manifesta, em oposição a esta, como uma preguiça fecunda — que se mede a grandeza de um poema.

3. A poesia entre o silêncio e a prosa do mundo[1]

Ao falar sobre "a poesia entre o silêncio e a prosa do mundo" devo, logo no início, fazer um esclarecimento. Embora eu considere extremamente importante o conceito de "prosa do mundo", tal como empregado por Hegel, parece-me infeliz a locução "prosa do mundo" — ou, em alemão, *Prosa der Welt* — que o designa.

O problema que vejo nessa locução é que normalmente a prosa é tomada como o oposto da poesia. Ora, considero isso um equívoco. O que verdadeiramente se opõe à prosa não é a poesia, mas o verso. Essa oposição pode ser esclarecida etimologicamente. "Prosa" — do vocábulo latino *prorsus* e, em última instância, de *provorsus*, que quer dizer "em frente", "em linha reta" — é o discurso que segue em frente sem retornar, a menos que encontre um limite (como o fim da superfície em que se escreve ou a sua margem) ou que, a partir de considerações de natureza expositiva (tais como indicar que as frases anteriores ao retorno são mais

---

1. Este ensaio foi originalmente publicado em: Adauto Novaes (Org.), *Mutações: o silêncio e a prosa do mundo*. São Paulo: Sesc, 2014.

intimamente relacionadas entre si do que com o restante do texto), marque o início de um novo parágrafo.

"Verso" — do vocábulo latino *versus*, particípio passado substantivado de *vertere*, que quer dizer "voltar", "retornar" — é o discurso que retorna, mesmo que não encontre nenhum limite, nem obedeça a nenhuma preocupação de natureza expositiva.

Assim, são os que identificam, de algum modo, a poesia com o verso, que a tomam como o oposto da prosa. Tal identificação constitui um erro tradicional. Já a primeira definição do dicionário de 1762 da Academia Francesa define a poesia como "a arte de fazer obras em versos"; a do nosso *Aurélio* diz: "arte de escrever em verso"; a do *Houaiss*, "arte de compor ou escrever versos"; e a do *Caldas Aulete*, "arte de fazer obras em verso". Curioso consenso em torno de um erro!

Não se pode, é claro, culpar os dicionários, pois eles apenas estão a registrar o uso mais comum que se faz da palavra "poesia". Aparentemente, portanto, quase todo mundo pensa que poesia é a arte de escrever, compor ou fazer versos.

Pois bem, nesse caso quase todo mundo está errado, pois é claro que, se tomarmos a poesia como a arte de escrever, compor ou fazer alguma coisa, trata-se de escrever, compor ou fazer poemas, e não versos; e, embora quase todos os poemas sejam compostos de sequências de versos, nem todas as sequências de versos chegam a constituir verdadeiros poemas. Assim, Aristóteles advertia contra a confusão entre poesia e verso, dizendo que "também os que expõem algo de medicina ou física em verso são chamados assim [de poetas]. Porém nada há de comum entre [por exemplo], Homero e Empédocles, além do verso, de modo que é justo chamar o primeiro de 'poeta' e o outro de 'filósofo da natureza' [*physiólogos*] em vez de 'poeta'".[2] A verdade é que alguém pode perfeitamente dominar a arte de fazer versos sem jamais conseguir escrever um poema.

Não é porque fossem poetas que os primeiros filósofos, fisiólogos etc. escreviam em versos; eles o faziam porque, na Grécia, as obras em prosa surgiram muito depois de aparecerem obras em verso. A prosa não podia existir como gênero artístico senão na qualidade de gênero literário. Isso significa que ela não podia existir antes da adoção da escrita. Já a poesia foi um gênero artístico oral na Grécia muito antes da adoção da escrita. O poema — que os gregos chamavam *epos* (plural: *êpea* ou *epē*) — era o discurso que se reiterava, isto é, que se conservava ou guardava, em oposição a *mythos*, que era o discurso que não se reiterava. Ora, entre os *êpea* contavam-se os vocábulos, os provérbios, as canções, as profecias e os oráculos. Quando se introduziu a escrita na Grécia, ela foi usada, em primeiro lugar, para registrar os poemas de Homero. Assim, manteve-se a tradição de que os discursos que mereciam ser conservados deviam ser escritos em versos, mesmo que não fossem poemas, mas tratados de medicina — como os hipocráticos — ou de filosofia — como o de Empédocles.

Mas o fato de que a definição dicionarizada inclua textos que não pertencem ao domínio da poesia não é seu único defeito. Ela também erra ao excluir peremptoriamente do domínio da poesia tudo aquilo que não seja composto de versos. Tais são tanto os poemas em prosa escritos por poetas da estirpe de Hölderlin, Novalis, Baudelaire, Rimbaud e, entre nós, Murilo Mendes, quanto poemas espaciais, visuais e concretos, de que existe uma forte tradição moderna no Brasil.

Em suma, não se deve opor a prosa à poesia. Sendo assim,

---

2. Aristóteles, "De arte poética". *Aristotelis Opera*, v. 2. Berlim: De Gruyter, 1960, pp. 1447b17 ss.

proponho, logo de saída, substituir a expressão "prosa do mundo" por outra. Dado que, ao falar da prosa do mundo, Hegel se refere à linguagem do *Verstand*, palavra que é normalmente traduzida por "intelecto" ou "entendimento",[3] darei preferência a este último termo, no lugar da paradoxalmente mais poética expressão "prosa do mundo". Portanto, falarei a seguir sobre a poesia entre o silêncio e a linguagem do entendimento.

Leiamos, para começar, um poema. Trata-se de "Nosso mito", do poeta contemporâneo Alex Varella. Ei-lo:

> *O mundo estava às escuras.*
> *Tudo era regido então pelo breu da Grande Indistinção.*
> *O dia em que acendeu a luz da Poesia*
> *tudo ficou tão claro,*
> *ainda mais indistinto.*
> *Passou a ser regido então*
> *pela luz da Grande Indistinção.*
> *Poesia é a arte de alcançar de novo a indistinção.*
> *De alcançar a indistinção pela luz,*
> *não pelo breu.*[4]

Consideremos em primeiro lugar o título do poema: "Nosso mito". Dado que, como veremos, o tema do poema é a poesia mesma, e que o poema é escrito por um poeta, podemos supor que "nosso" aqui significa o que pertence aos poetas ou, ao menos, a alguns poetas, entre os quais se inclui aquele que escreveu "Nosso mito". Pois bem, a palavra grega *mythos* significa simplesmente "o

---

3. Georg Wilhelm Friedrich Hegel, *Vorlesungen über die Ästhetik*. Frankfurt: Suhrkamp, 1970c, v. 3, pp. 242-4.
4. Alex Varella, *Céu em cima / Mar em baixo*. Rio de Janeiro: Topbooks, 2012, p. 93.

que é falado ou dito". A rigor, o *mythos* de Édipo, por exemplo, é o que se fala e pensa sobre Édipo. "Nosso mito" será, portanto, o que os poetas ou, ao menos, os poetas entre os quais se inclui o autor desse poema, pensam e falam sobre a poesia.

Os primeiros dois versos dizem: "O mundo estava às escuras/ Tudo era regido então pelo breu da Grande Indistinção". Os três últimos dizem que "Poesia é a arte de alcançar de novo a indistinção./ De alcançar a indistinção pela luz,/ não pelo breu". Há, portanto, duas indistinções: por um lado, pelo breu; por outro, pela luz. O poema, ao falar sobre "o dia em que acendeu a luz da poesia", indica que a indistinção pela luz é posterior à indistinção pelo breu. E, ao dizer que "poesia é a arte de alcançar de novo a indistinção", insinua que, entre as duas indistinções, encontra-se um estado de coisas em que prevalecem as distinções. Tem-se, em outras palavras, (1) a indistinção pelo breu, (2) as distinções e (3) a indistinção pela luz, ou a poesia. Se a poesia é "a arte de alcançar de novo a indistinção", então a poesia não existia antes de se estabelecerem as distinções.

Trata-se de um esquema filogenético, que diz respeito à evolução da humanidade, de um esquema sociogenético, que corresponde à evolução de determinada sociedade, ou de um esquema psicogenético, que versa sobre a evolução de cada indivíduo? Na poesia todas as interpretações são bem-vindas e, longe de se excluírem umas às outras, em geral complementam-se de algum modo.

Mas em que consiste o tempo não mencionado, o tempo das distinções? A faculdade humana que, negando a identidade dada, separa e distingue as coisas umas das outras é o modo de exercício da razão crítica que aqui chamamos de "entendimento". Como diz Hegel, "a atividade da separação é a força e o trabalho do *entendimento*",[5] que "*determina* e mantém fixas as determinações".[6] Isso é feito tendo em vista, em primeiro lugar, finalidades práticas, ligadas à comunicação e ao conhecimento. É através das separações, distinções, determinações, definições e diferenciações estabelecidas pelo entendimento que conhecemos as propriedades das coisas, logo, as próprias coisas, pois, como diz Aristóteles, é a *diferença* específica da *ousía*, isto é — segundo a tradução tradicional —, da substância, que constitui a sua qualidade.[7] Na *Enciclopédia*, Hegel afirma que "o pensamento enquanto entendimento atém-se à determinidade fixa e ao seu caráter *diferencial* em relação a outras [determinidades]".[8]

Assim, separar as coisas, distingui-las, diferenciá-las etc. é o que permite classificá-las, categorizá-las, identificá-las, denominá-las etc. É através dessas atividades que o entendimento produz a linguagem convencional. Esta, retroativamente, potencializa o entendimento. A linguagem tem muitos sentidos e muitas raízes, mas o primeiro é sem dúvida, como já foi dito, de natureza prática, instrumental. A linguagem nos permite não apenas comunicarmo-nos com os outros seres humanos, mas descrever, classificar, qualificar etc. diferentes coisas e pessoas, tendo em vista instrumentalizá-las para nossos próprios fins.

Para o entendimento, como diz Hegel,

> a existência imediata apresenta-se como um sistema de relações necessárias entre indivíduos e forças na aparência independentes,

---

5. Georg Wilhelm Friedrich Hegel, *Phänomenologie des Geistes*. Frankfurt: Suhrkamp, 1970b, p. 36 (grifo meu).

6. Id., *Wissenschaft der Logik*. Hamburgo: Felix Meiner, 1975, p. 6 (grifo dele).

7. Aristóteles. "Metafísica". In:_____. *Aristotelis Opera*. Berlim: De Gruyter, 1960, p. 1020a33.

8. Georg Wilhelm Friedrich Hegel, *Enzyklopädie der philosophischen Wissenschaften*. Frankfurt: Suhrkamp, 1970a, v. 1, §80, p. 169 (ênfase minha).

no qual cada elemento ou é utilizado como um meio ao serviço de fins que lhe são estranhos ou carece ele próprio do que lhe é exterior para o utilizar como meio.[9]

Estabelece-se assim uma apreensão instrumental do ser, em que cada coisa é considerada principalmente enquanto meio para outras coisas. De todo modo, é do entendimento e da linguagem produzida pelo entendimento que o ser humano se serve tendo em vista suas finalidades práticas.

O entendimento, através da lógica, da filosofia, da linguística etc. tem também, desde o princípio dessas disciplinas, apontado as categorias e os conceitos mais genéricos que emprega. Assim, entre outras coisas, ele distingue, como se sabe: universal e particular, sujeito e objeto, meio e fim, essência e aparência, forma e conteúdo, significante e significado, passado, presente e futuro etc. Trata-se, com efeito, de oposições através das quais o ser humano já se orientava na linguagem e na vida prática, bem antes que a filosofia e a lógica as houvesse determinado.

Pois bem, voltando ao poema "Nosso mito", podemos dizer que era antes da produção da linguagem pelo entendimento que tudo se confundia na Grande Indistinção pelo breu. Em suma, as distinções estabelecidas pelo entendimento são condições para que possamos não apenas nos comunicar, mas também conhecer, utilizar e pensar sobre as coisas que há: para que possamos conhecê-las de modo a utilizá-las, e utilizá-las de modo a conhecê-las. Os próprios conceitos de conhecimento objetivo ou de objetividade do conhecimento, por exemplo, não seriam possíveis, caso a unidade do ser não houvesse sido cindida pelo entendimento em sujeito, por um lado, e objeto, por outro.

9. Georg Wilhelm Friedrich Hegel, *Vorlesungen über die Ästhetik*. Frankfurt: Suhrkamp, 1970c, v. 1, p. 196.

Ocorre, porém, que essa apreensão instrumental do ser não é a única concebível. Ao final do poema "Nosso mito", lê-se: "Poesia é a arte de alcançar de novo a indistinção/ De alcançar a indistinção pela luz,/ não pelo breu". Trata-se da apreensão estética do ser. Esta não *serve* para coisa nenhuma; não está a serviço de nenhuma finalidade extrínseca a ela. Ela vale por si. E tampouco o ser, enquanto esteticamente apreendido, *serve* para alguma coisa. Também ele vale por si. Trata-se, portanto, de uma apreensão não instrumental, que nem é realizada pelo entendimento, ou melhor, pelo entendimento apenas, nem é por ele orientada. Com efeito, o entendimento é apenas uma das diversas faculdades humanas que podem ser convocadas para a apreensão estética do ser. Além do entendimento e da razão, são capazes de entrar em jogo e, com efeito, de jogar livremente entre si, sem hierarquia ou regra predeterminada, também a imaginação, a sensibilidade, a sensualidade, a intuição, a memória, o humor etc.

Não ignoro que a palavra *estética* na expressão "apreensão estética do ser", é capaz de suscitar contra mim acusações de "esteticismo" ou formalismo, interpretados como as doutrinas segundo as quais, na arte, apenas a forma interessa. Seria um equívoco, exatamente porque, na arte, o conteúdo é forma e a forma, conteúdo. É por isso que não há uma faculdade especificamente estética, de modo que todas as faculdades são capazes de comparecer à apreciação de uma obra de arte. Quando se lê um poema, não se põe entre parênteses a política, por exemplo, tal como nele se manifesta. O que ocorre é que a política, não passando de um dos componentes através dos quais a obra é considerada, não é o único nem necessariamente o principal a determinar seu valor. A obra é mediatizada por todos os seus demais componentes, que, por sua vez, são por ela mediatizados. A apreensão estética do ser significa uma disponibilidade tal às manifestações do ser que as distinções utilitárias estabelecidas pelo entendimento, embora não sejam anuladas, deixem de automaticamente ter a última — ou a única — palavra.

Aqui nos lembramos da seguinte advertência de Wittgenstein: "Não esqueças de que o poema, ainda que redigido na linguagem da comunicação, não é usado no jogo de linguagem da comunicação".[10] Com efeito, é outro o tipo de jogo em que o poema é, em primeiro lugar, produzido e, em segundo lugar, fruído. O Sócrates de Platão parece tê-lo observado bem, ao dizer considerar justo chamar de poeta "aquele que nada tem de mais valioso do que as coisas que compôs ou escreveu, passando o tempo a revirá-las de cima para baixo, colando palavras umas nas outras ou apagando-as".[11] No mesmo sentido, o poeta inglês W. H. Auden, que costumava perguntar aos jovens por que queriam escrever poesia, dizia que aquele que respondia ter coisas importantes a dizer não era poeta; poeta era o que respondia gostar de curtir as palavras, ouvindo o que elas tinham a dizer.[12]

"O poeta", como diz Sartre, "retirou-se de uma só vez da linguagem-instrumento; ele escolheu de uma vez por todas a atitude poética que considera as palavras como coisas e não como signos."[13]Porém, é importante lembrar que isso não significa — como, aliás, o próprio Sartre observa em seguida — que, para o poeta, as palavras tenham perdido toda significação. Longe disso, são as palavras enquanto ao mesmo tempo significantes e significados que lhe aparecem como coisas.

Com a linguagem, o poeta produz poemas, isto é, objetos

---

10. Ludwig Wittgenstein, *Zettel*. Cidade do México: Universidad Nacional Autónoma de México, 1979, §160, p. 31.

11. Platão, "Fedro". In:_____. *Platonis opera*. Org. de John Burnet. Oxford: Clarendon Press, 1989, v. 2, p. 278d8 ss.

12. W. H. Auden, "Squares and oblongs". *The complete works of W. H. Auden*. Org. de E. Mendelson. Princeton: Princeton University Press, 2002, v. 2, p. 344.

13. Jean-Paul Sartre, *Qu'est-ce que la littérature?* Paris: Gallimard, 1948, p. 18.

linguísticos cujo sentido primordial não é funcionarem como *meios* para o conhecimento e/ou a comunicação, mas serem fruídos como obras de arte, isto é, como *fins* em si. Assim, Hegel tem razão ao observar que, embora possa cumprir objetivos não poéticos, "a finalidade determinante e consequente da poesia é apenas o poético, e não o que, encontrando-se fora da poesia, possa ser alcançado ainda mais completamente por outros meios".[14]

Já mencionei o fato de que a palavra que os gregos da época de Homero usavam para designar o que chamamos de "poema" — isto é, *epos* — era a mesma que usavam para dizer "palavra", "provérbio", "canção", "profecia", "oráculo". É que essas eram as coisas que, na cultural oral, podiam ser reiteradas, desde que memorizadas. Elas se opunham, por isso, ao que chamavam *mythos*, que era simplesmente a fala ou o discurso não reiterável. Ora, a reiterabilidade social ou institucionalmente garantida é o procedimento primordial através do qual uma ação — no caso em questão, um ato de fala — transforma-se em objeto. É que a reiterabilidade torna a ação, de algum modo, reapresentável, em princípio, à experiência pública, e chamamos de *objeto* o que de algum modo é, em princípio, reapresentável à experiência pública. Em suma, já na cultura oral grega o poema — *epos* — constitui um objeto. Trata-se de um objeto que, como foi dito, tem seu fim em si próprio.

Isso não quer dizer que o poema não possa funcionar também como um meio para dar a conhecer determinadas coisas, mas sim que, num poema autêntico, essa função não passa de um dos elementos a partir dos quais se constitui e se aprecia a totalidade forma-conteúdo que compõe a obra de arte. Se a obra de arte fosse apenas um meio para dar a conhecer isto ou aquilo, ela po-

---

14. Georg Wilhelm Friedrich Hegel, *Vorlesungen über die Ästhetik*. Frankfurt: Suhrkamp, 1970c, v. 3, p. 269.

deria ser dispensada, uma vez que tivesse cumprido essa função. O capítulo do livro de matemática em que aprendermos a regra de três, por exemplo, não precisará mais ser lido, uma vez que a tenhamos aprendido. Já o poema que amamos, tendo seu fim em si mesmo, será novamente apreciado a cada vez que o lermos ou recordarmos, assim como uma peça musical que nos deleita será apreciada a cada vez que a escutarmos.

Leiamos, aliás, outro poema. Trata-se de "Nubes I", de Jorge Luis Borges:

> *No habrá una sola cosa que no sea*
> *una nube. Lo son las catedrales*
> *de vasta piedra y bíblicos cristales*
> *que el tiempo allanará. Lo es la Odisea,*
> *que cambia como el mar. Algo hay distinto*
> *cada vez que la abrimos. El reflejo*
> *de tu cara ya es otro en el espejo*
> *y en el día es un dudoso laberinto.*
> *Somos los que se van. La numerosa*
> *nube que se deshace en el poniente*
> *es nuestra imagen. Incesantemente*
> *la rosa se convierte en otra rosa.*
> *Eres nube, eres mar, eres olvido.*
> *Eres también aquello que has perdido.*[15]

15. Jorge Luis Borges. "Los conjurados". In:_____. *Obras completas*. Buenos Aires: Emecé, 1989, v. 2, p. 478. Tradução literal:
> *Não haverá uma só coisa que não seja*
> *uma nuvem. São nuvens as catedrais*
> *de vasta pedra e bíblicos cristais*
> *que o tempo aplanará. São nuvens a Odisseia*
> *que muda como o mar. Algo há distinto*
> *cada vez que a abrimos. O reflexo*

As nuvens aqui são a imagem da indeterminação ou da indistinção. Não se trata, porém, da indistinção pelo breu, mas da outra a que se refere o poema "Nosso mito", isto é, da indistinção pela luz. As coisas distintas — as catedrais, a vasta pedra, os bíblicos cristais, a *Odisseia*, o reflexo de tua cara, o dia, a rosa, o mar — incessantemente convertem-se em outras coisas, perdendo sua identidade, e, na nuvem do poema, revelam-se também como nuvens.

Podemos observar, em "Nubes I", como se refundem as oposições que orientam o pensamento intelectual. Assim, no que diz respeito à dicotomia universal/particular, observe-se o seguinte. O poema principia com a sentença: "No habrá una sola cosa que no sea/ una nube". De certo modo, não seria incorreto supor que se trata, aqui, de uma proposição universal a afirmar, metaforicamente, que "tudo muda" ou que "tudo se transforma em outra coisa". No entanto, essa metáfora já representa uma manifestação da interpenetração do universal e do particular, ao nos trazer ao fenômeno particular que é a nuvem. E a segunda sentença descreve realidades particulares — as catedrais — com poucos, porém magníficos, detalhes concretos: "Lo son las catedrales/ de vasta piedra y bíblicos cristales/ que el tiempo allanará".

A sentença seguinte fala da *Odisseia*, "que cambia como el mar". Voltaremos a isso adiante. A terceira diz: "El reflejo/ de tu cara ya es otro en el espejo/ y en el día es un dudoso laberinto".

> de tua cara já é outro no espelho
> e o dia é um duvidoso labirinto.
> Somos os que se vão. A numerosa
> nuvem que se desfaz no poente
> é nossa imagem. Incessantemente
> a rosa se converte noutra rosa.
> És nuvem, és mar, és olvido.
> És também o que já está perdido.

Aqui a particularidade da segunda pessoa do singular tanto pode referir-se efetivamente a um interlocutor do poeta, quanto ao próprio poeta, falando de si na segunda pessoa, ou ainda a um universal, isto é, a qualquer um que se olhe no espelho.

Semelhante interpenetração do universal e do particular encontra-se até o fim do poema, como, por exemplo, no verso seguinte: "Somos los que se van". Aqui, o sujeito de "somos" deve ser tomado como a humanidade ou mesmo o ser em geral, o que nos traz de volta ao universal. Contudo, ao contrário do que o faria a terceira pessoa do plural, a segunda parece particularizar o sujeito, incluindo o leitor, de modo muito mais, digamos, particular. Mais ainda o fazem os dois últimos versos, ao usar novamente a segunda pessoa do singular: "Eres nube, eres mar, eres olvido./ Eres también aquello que has perdido".

No que diz respeito à dicotomia sujeito/objeto, esses mesmos exemplos mostram também a sua interpenetração. O poema está afirmando algo objetivo ou uma sensação subjetiva? Nele, as duas coisas não se separam. De todo modo, os dois últimos versos citados no parágrafo anterior tanto podem ser lidos como uma descrição "objetiva" da condição de, digamos, nebulosidade universal quanto como uma celebração ou exaltação "subjetiva" dessa mesma condição.

Ademais, a apreciação mais completa e autêntica de um poema escrito se dá quando o lemos com nossa própria voz, de modo que nossa própria voz se confunda com a voz do poema. Trata-se de uma leitura, por assim dizer, "para dentro", e não "para fora". O poeta Jacques Roubaud chama essa voz de "aural".[16] Ao ler um poema dessa maneira, o tornamos nosso: fazemos nossas as suas palavras, no sentido de que pensamos com elas e em

---

16. Jacques Roubaud, *Poésie* (*récit*). Paris: Seuil, 2000, p. 40.

torno delas, como se fossem nossas. A nossa subjetividade se confunde desse modo, em grande medida, com a objetividade da obra de arte que é o poema.

Também é evidente, em "Nubes I", a interpenetração do seu meio e do seu fim; afinal, o seu fim — isto é, a apreensão estética do ser — identifica-se com a própria leitura do poema, que seria o meio de se chegar a ela. Do mesmo modo, a apreensão estética do ser, constituindo a essência do poema, identifica-se com a apreensão da sua aparência (o texto que lemos); e, constituindo o conteúdo do poema, identifica-se com sua forma (que não se reduz à sua forma fixa, mas inclui todos os seus componentes, isto é, fonemas, vocábulos, recursos paronomásticos, métrica, ritmo, melodia etc.).

Quanto à interpenetração de significante e significado, tomemos como exemplo a segunda frase do poema: "Lo son las catedrales/ de vasta piedra y bíblicos cristales/ que el tiempo allanará". A frase está, é claro, exemplificando a primeira afirmação, isto é, "No habrá una sola cosa que no sea/ una nube". Pois bem, na descrição das catedrais, a anteposição do adjetivo — em "de vasta piedra" — engrandece a descrição de um modo que "de piedra vasta" não o faria; e, quando a anteposição do adjetivo ocorre novamente em "y bíblicos cristales", o fato de que a palavra "bíblicos" seja proparoxítona torna ainda mais grandiosa a descrição das catedrais. Além disso, tanto a sonoridade icônica das aliterações das consoantes líquidas "l" e "r", quanto a rima entre "catedrales" e "cristales" têm o efeito de tornar mais solene toda a expressão "Lo son las catedrales/ de vasta piedra y bíblicos cristales".

Por outro lado, a frase que contém o verso "de vasta piedra y bíblicos cristales" termina — *enjambé* — no verso seguinte: "que el tiempo allanará". Sendo simples e plana, essa frase contrasta, tanto em seu sentido quanto em sua sonoridade (esta ecoando aquele), com a grandiosidade do verso anterior, de modo que corresponde perfeitamente à ideia de que mesmo as coisas mais grandiosas serão reduzidas a nuvens.

Finalmente, também as dimensões temporais adquirem outro sentido no poema. Em "Nubes I", o tempo é exatamente o que "allanará", isto é, aplanará ou igualará as diferenças, inclusive as temporais.

Tudo somado, "Nubes I" é um excelente exemplo do que Hegel chama de "obra de arte verdadeiramente poética" que, segundo ele,

> é um organismo intrinsecamente infinito: rico em conteúdo que se desdobra na manifestação correspondente; unitário, não de uma forma e com uma finalidade que subordine abstratamente o particular, porém em que a mesma autonomia viva se preserve tanto no particular quanto no todo, encerrado em si próprio, sem aparente intenção, num círculo perfeito; repleto do material da realidade, porém sem relação de dependência, nem no que diz respeito a esse conteúdo e sua existência, nem a qualquer esfera da vida, mas criando-se livremente a partir de si próprio, de modo a levar ao conceito das coisas sua aparência autêntica e harmonizar o existente externo com seu ser mais íntimo.[17]

Mas volto a um ponto anterior de "Nubes I". Lê-se nesse poema que a *Odisseia*, um dos poemas fundadores da poesia ocidental, "cambia como el mar. Algo hay distinto/ cada vez que la abrimos". Em primeiro lugar, já que a *Odisseia*, como todo verdadeiro poema, vale por si, então a nossa apreciação é renovada a cada vez que a lemos. Além disso, a própria leitura *comme il faut*

---

17. Georg Wilhelm Friedrich Hegel, *Vorlesungen über die Ästhetik*. Frankfurt: Suhrkamp, 1970, v. 3, p. 270.

da *Odisseia* já solicita de nós certa disponibilidade para a apreensão estética do ser.

Na verdade, eram mais propícias as condições para a fruição imediata da *Odisseia* quando, na cultura oral da Grécia de Homero, ela não era lida, mas escutada. O poeta era um cantor, ou aedo. Na *Odisseia*, Homero mostra que era em ocasiões festivas, em meio a comes e bebes, que o poeta, acompanhado ao menos de sua lira, mas, às vezes, também de outros músicos e até de dançarinos,[18] apresentava-se, para o deleite dos ouvintes. "Uma pessoa que assiste a um aedo que aprendeu com os deuses a cantar *êpea*", diz um personagem da *Odisseia*, "quer ouvi-lo para sempre, quando quer que cante".[19] É evidente que a festa e a música, bem como o carisma do aedo, ajudavam os ouvintes a entrarem no clima de receptividade em que se deixavam arrebatar pela poesia.

Já a apreciação da poesia escrita exige um esforço muito maior. Em primeiro lugar, naturalmente, ela não pode ser empreendida senão por quem é alfabetizado. Em segundo lugar, se qualquer leitura já requer algum esforço e empenho do leitor, muito mais isso é verdade no que diz respeito à leitura de poesia. Não se lê um poema como normalmente se lê um romance, uma notícia de jornal, um e-mail ou uma bula de remédio. Para ser apreciado, o poema exige não apenas concentração, mas uma espécie de imersão do leitor nele. Devemos nos deixar levar ao estado em que, tendo sido posta entre parênteses a apreensão instrumental, abre-se a apreensão estética do ser. Nem todo mundo consegue realizar isso.

Essas considerações nos trazem a outro poema. Trata-se de "Falar", de Ferreira Gullar:

18. Homero, *Odisseia*. Paris: Belles Lettres, 1992, VIII, 260-5.
19. Ibid., XVII, 518-21.

A poesia é, de fato, o fruto
de um silêncio que sou eu, sois vós,
por isso tenho que baixar a voz
porque, se falo alto, não me escuto.
A poesia é, na verdade, uma
fala ao revés da fala,
como um silêncio que o poeta exuma
do pó, a voz que jaz embaixo
do falar e no falar se cala.
Por isso o poeta tem que falar baixo
baixo quase sem fala em suma
mesmo que não se ouça coisa alguma.[20]

Embora o título do poema seja "Falar", seu tema é a poesia que, segundo o próprio poema, "é, de fato, o fruto/ de um silêncio que sou eu, sois vós". O silêncio é o ser do poeta e de seus ouvintes reais e virtuais. A poesia é o resultado da escuta desse silêncio. Para que ela se dê, o poeta diz: "tenho que baixar a voz/ porque, se falo alto, não me escuto". Para escutar o silêncio do ser, o poeta tem que abandonar a fala alta, o falar da linguagem cotidiana, e baixar a voz até o ser.

Na estrofe seguinte, ele diz que "A poesia é, na verdade, uma/ fala ao revés da fala". Acima já observamos que a poesia usa a linguagem de um modo que, do ponto de vista convencional e cotidiano, aparece como subversivo ou perverso. É que a linguagem convencional e cotidiana, sendo a linguagem do entendimento — a "prosa do mundo" — não é capaz de apreender o ser enquanto tal, independentemente de lhe atribuir qualquer função

---

20. Ferreira Gullar, *Em alguma parte alguma*. Rio de Janeiro: José Olympio, 2010a, p. 47.

instrumental. Ora, tal apreensão — estética — do ser é a que a poesia faculta ao seu leitor.

A "fala ao revés da fala" é "como um silêncio que o poeta exuma/ do pó". O pó representa o elemento material ínfimo a que se reduz ou em que desaparece o ser humano. Não há como não lembrar aqui de que, em Gênesis 3,19, lê-se que o Deus do Antigo Testamento diz a Adão: "Pó és e ao pó voltarás".[21] No poema "Falar", o pó lembra tanto a indistinção de que fala o poema "Nosso mito" quanto as nuvens de que fala "Nubes I". Pois bem, dessa indistinção anterior e posterior às distinções o poeta exuma um silêncio que é "a voz que jaz embaixo/ do falar e no falar se cala". A voz da poesia encontra-se embaixo do falar porque a apreensão estética é mais profunda do que a apreensão instrumental do ser, que é a do "falar". Quando este se dá, ela se cala, pois não é por ele alcançada.

Finalmente, o poema diz: "Por isso o poeta tem que falar baixo/ baixo quase sem fala em suma/ mesmo que não se ouça coisa alguma". Os primeiros dois versos que acabo de citar retomam e põem "em suma" tudo o que acaba de ser dito sobre a poesia ser praticamente um silêncio, em relação à linguagem cotidiana, que ela perverte ou "reverte". O último, porém, diz algo mais, isto é, diz que ele tem que fazer isso "mesmo que não se ouça coisa alguma".

É possível que não se ouça coisa alguma porque a dificuldade da apreciação da leitura da poesia parece ter-se agravado consideravelmente no mundo contemporâneo. Sob o domínio quase absoluto da apreensão instrumental do ser, cada coisa é conside-

---

21. Dessa frase vem a famosa locução litúrgica latina: *Memento, homo, quia pulvis est et in pulverem reverteris* ("Lembra-te, homem, de que pó és e ao pó voltarás").

rada sobretudo enquanto meio para outra coisa que, por sua vez, também funciona como meio para ainda outra coisa, *ad infinitum*.

Nessas circunstâncias, não admira que o dinheiro — o meio por excelência, pois é o meio dos meios — seja o que há de mais importante. O que seria apenas um meio torna-se o verdadeiro fim. Ora, num mundo assim, em que, para o senso comum, "tempo é dinheiro", parece irracional que se faça um investimento de tempo sem nenhuma garantia de que se venha a obter, num prazo determinado, qualquer compensação ou retorno. Consequentemente, poucos se permitem *mergulhar* no poema, isto é, pensar nele, com ele, através dele, pondo à disposição dele, pelo tempo que se faça necessário, o livre jogo de todas as faculdades que esse pensamento integral requeira.

Longe disso, é cada vez mais comum considerarem-se meras frivolidades ou "frescuras" os artifícios poéticos, como a rítmica e a paronomásia. Ao mesmo tempo, percebe-se a interpenetração dos opostos (o universal e o particular, o sujeito e o objeto, o meio e o fim, a essência e a aparência, o significante e o significado, o passado, o presente e o futuro etc.) como injustificável confusão pueril. Ora, é evidente que, quem pensa assim não ouve "coisa alguma" da "fala ao revés da fala" do poema.

Consequentemente, muitos supõem que a poesia escrita para ser lida é hoje algo anacrônico: que ela está superada. Falo da poesia "escrita para ser lida" porque não se passa o mesmo com toda poesia. Outra é a situação da poesia escrita para ser ouvida, isto é, da letra de música, que desfruta de grande popularidade.

Na verdade, os gêneros artísticos que aparentemente não requerem grande concentração ou dispêndio de tempo continuam sendo valorizados. Assim é, por exemplo, a música tonal Afinal, sem fazer o menor esforço, praticamente qualquer um é capaz de se deleitar com uma peça musical tradicional. Mesmo quando estamos a trabalhar, é possível prezá-la como "música ambiental".

Podemos também apreciar a beleza de uma pintura, mesmo quando a vemos apenas en passant. O mesmo vale para esculturas ou obras arquitetônicas tradicionais. Naturalmente, isso não significa que não possamos mergulhar nelas, caso sejam obras de arte autênticas. Significa apenas que é possível gostar delas, mesmo sem esse mergulho: mesmo, isto é, que elas não nos abram uma apreensão alternativa do ser.

Já a poesia escrita para ser lida quase nunca pode ser fruída desse modo, exceto por quem já tenha previamente mergulhado nela. Para fruir um poema, é preciso nele imergir. E como tal imersão não combina com a temporalidade acelerada do presente, muitos afirmam que a poesia simplesmente não tem mais lugar neste mundo.

Pois bem, é exatamente por não se ajustar à temporalidade acelerada do presente que a poesia é necessária hoje. Afinal, a temporalidade acelerada corresponde à apreensão instrumental do ser. Assim, é bom que a poesia, longe de se ajustar a ela, relativize-a, uma vez que nos dá acesso a esse outro modo de apreensão do ser e do tempo — o estético — que enriquece imensamente a vida humana. E é por essa razão que "o poeta tem que falar baixo/ baixo quase sem fala em suma/ mesmo que não se ouça coisa alguma".

4. A poesia e a crítica[1]

Para Antonio Carlos Secchin

Toda crítica representa uma manifestação da razão crítica. O vocábulo mesmo, não nos esqueçamos, vem em última análise do grego *kritikē*,[2] que vem do verbo *krínein*,[3] isto é, "separar", "distinguir", "julgar", "decidir" etc. A ação de separar, distinguir, decidir etc. é chamada de *krísis*[4] — de onde vem a nossa palavra "crise" — e também significa "juízo". Criticar é separar ou distinguir. A crítica põe de um lado o que passa pelo seu crivo e de outro o que não passa por ele.

Já que dar nome às coisas, defini-las, classificá-las etc. são modos de distingui-las umas das outras, essas atividades representam manifestações da crítica. Assim, a razão crítica constitui uma condição da própria linguagem que, por sua vez, a potencia-

1. Este ensaio foi originalmente publicado em: *Revista Brasileira*. Academia Brasileira de Letras, Rio de Janeiro, out. /nov. /dez. 2011.
2. Κριτική.
3. Κρίνειν.
4. Κρίσις.

liza. O pensamento teórico, por exemplo, distingue os conceitos de meio e fim, sujeito e objeto, substância e propriedades, matéria e forma, significado e significante, corpo e espírito etc.

A razão crítica efetua na prática semelhantes distinções, antes mesmo de tematizá-las ou de nomeá-las teoricamente. Elas são condições para que possamos conhecer e utilizar as coisas que há: para que possamos conhecê-las de modo a utilizá-las, e utilizá-las de modo a conhecê-las. Os próprios conceitos de conhecimento objetivo ou de objetividade do conhecimento, por exemplo, não seriam possíveis, caso a unidade do ser não houvesse sido cindida pela razão crítica em sujeito, por um lado, e objeto, por outro.

Assim, a razão crítica se manifesta em primeiro lugar como um instrumento. Ela é instrumentalizada pelos seres humanos em vista do conhecimento, do controle e da utilização da natureza e dos demais seres humanos, para satisfazer suas necessidades e caprichos. Ela serve aos seres humanos para fins práticos e teóricos. Ela é instrumentalizável, por exemplo, para a produção do conhecimento científico, para a construção de obras de arte, inclusive poemas, para a elaboração de ideologias — emprego aqui esta palavra no sentido amplo de sistemas de ideias — como religiões e sistemas filosóficos etc.

Como as diversas construções ideológicas contradizem umas às outras, e todas são construídas mediante a instrumentalização da razão crítica, é evidente que esta não se reduz a nenhuma delas. Ao contrário: a própria razão crítica — e só ela — pode ser usada para criticar qualquer dos sistemas que se construíram mediante sua utilização. A razão, à maneira, por exemplo, de um martelo, é capaz de ser instrumentalizada tanto para a construção quanto para a destruição daquilo mesmo que serviu para construir.

No que diz respeito à crítica artística e literária, não podemos deixar de considerar, em primeiro lugar, a importância que para ela tem o ramo da filosofia dedicado à estética. Esta, como toda filosofia, consiste ela própria numa manifestação da razão crítica. No século XVIII, Kant, na sua terceira *Crítica* — "Crítica": observem o nome! —, isto é, na *Crítica do juízo*, ao desvincular o juízo estético tanto dos apetites quanto da razão teórica e da razão prática, isto é, da ética, e mostrar que ele corresponde a um prazer desinteressado, proporcionou o fundamento da autonomia da estética e da arte.

A afirmação de que a apreciação estética é independente de todo interesse foi atacada por muitos autores e é comumente interpretada como se significasse que a apreciação estética seja puramente formal, desprezando conteúdo ou significado. Na base dessa interpretação errônea, ela foi injustamente atacada, inclusive por Nietzsche.[5]

Na verdade, o que o desinteresse em questão realmente significa, porém, é que aquilo que é objeto de apreciação estética não se reduz, enquanto tal, a nenhuma função pragmática, moral ou cognitiva. As hierarquias que entram em jogo nas coisas que obedecem à razão instrumental, isto é, nas coisas de que nos servimos, não entram em jogo na apreciação de obras de arte tomadas enquanto tais. Assim, enquanto tal, o objeto de apreciação estética não serve para nada: ele vale por si. Tais são as obras de arte tomadas enquanto obras de arte e, em particular, os poemas enquanto poemas.

Ora, normalmente não damos atenção a objetos que não servem para nada. Por que damos (ou, pelo menos, alguns de nós dão) atenção a um poema enquanto poema? Coube a Kant responder a essa pergunta, ao classificar o juízo estético como reflexivo e não determinante ou cognitivo. No juízo determinante ou cognitivo o conceito universal é dado, de modo que o particular

---

5. Friedrich Nietzsche, *Genealogia da moral*. Trad. de Paulo César de Souza. São Paulo: Companhia das Letras, 1998, p. 94.

é apreendido como subsumido pelo universal. Por exemplo, tenho o conceito de "gato" e vejo uma coisa que apreendo como gato.

No juízo reflexivo, ao contrário, só o particular é dado, mas não o conceito. Vejo, por exemplo, uma pintura de Vermeer que retrata uma moça com um chapéu vermelho. Os conceitos de "moça", de "chapéu", de "chapéu vermelho", entre muitos outros, certamente fazem *parte* desse quadro. No entanto, o quadro como um todo não se reduz a nenhum dos conceitos que dele façam parte. Ao apreciá-lo esteticamente, levo em conta os volumes, os planos, as linhas, as luzes, as sombras, as cores etc. O quadro consiste numa totalidade cujo conceito não é previamente dado e cuja compreensão solicitará não apenas meu intelecto, mas também minha imaginação, minha sensibilidade, minha intuição, minha razão, minha cultura, minha emoção etc., e que jamais poderá ser plenamente expressa por conceitos ou proposições.

Isso significa não somente que o juízo estético não depende do conceito que tenhamos do objeto como que, ao contrário, se esse conceito for dado, o juízo determinante que lhe corresponde é capaz de afetar a pureza do juízo estético. Com efeito, Kant define o belo como "o que é representado sem conceitos como objeto de uma satisfação universal".[6]

Exatamente por não recorrerem a conceitos, os juízos de gosto são juízos *singulares*, isto é, juízos em que o objeto singular é referido de imediato e unicamente ao sentimento de prazer ou desprazer por ele provocado. "Assim, por exemplo", diz Kant, "por um juízo de gosto declaro bela a rosa que estou olhando. Por outro lado, o juízo 'as rosas em geral são belas' não é mais sim-

6. Immanuel Kant, *Kritik der Urteilskraft*. Frankfurt: Suhrkamp, 1983, § 6, p. B17.

plesmente estético, mas enunciado como um juízo lógico fundado num juízo estético".[7]

É, aliás, da singularidade do juízo estético que decorre a irrelevância dos gêneros artísticos. Assim como a beleza desta flor é uma experiência singular que não depende do fato de que eu saiba a que espécie ela pertence, assim também, idealmente, a beleza de uma obra de arte deve poder ser apreciada independentemente da classificação que lhe demos: independentemente, isto é, de ser chamada "pintura" ou "escultura" ou "poema" ou "canção" ou qualquer outra coisa.

O poema enquanto poema é um objeto no qual reconhecemos a *forma da finalidade* sem, entretanto, reconhecermos o fim, a causa final, a função que daria o seu conceito. Por isso mesmo, o poema enquanto poema é um objeto que, como diz Kant das ideias estéticas,

> constitui uma apresentação da imaginação que dá muita ocasião ao pensamento, sem que nenhum pensamento determinado, nenhum conceito, possa ser-lhe apropriado e que, consequentemente, não é completamente alcançável ou tornado inteligível por nenhuma linguagem.[8]

A imaginação, como se sabe, é tomada por Kant (que, nesse ponto, segue Aristóteles) como uma faculdade intermediária entre a sensibilidade e o entendimento, e irredutível àquela ou a este. Pode-se entender, portanto, como uma manifestação da imaginação a indecomponibilidade do significante (sensibilidade) e do significado (entendimento) do poema. Sob o domínio da imaginação, o poema provoca o que o autor da *Crítica do juízo* chama

7. Ibid., § 8, p. B25.
8. Ibid., p. B193-4.

de livre jogo entre as faculdades do conhecimento: e é desse livre jogo que resulta a promoção do sentimento vital, isto é, o prazer estético daquele que o lê.

Trata-se de um objeto da língua ao qual se volta, não por razões pragmáticas, mas estéticas, como se volta a contemplar um quadro ou uma escultura. É por isso que Derrida — cuja obra pretensamente "desconstrutiva" sobre Kant, a meu juízo, não passa de um malogrado exercício de hermenêutica da suspeição — não deixa, no entanto, de ter alguma razão quando qualifica as formulações kantianas sobre esse assunto de mais nietzschianas do que Nietzsche poderia crer.[9]

De todo modo, é, como dizíamos, o reconhecimento da autonomia da arte, a partir do conceito de *prazer desinteressado*, que permite entender que, mesmo *avant la lettre*, isto é, mesmo antes da produção desse conceito por Kant, houvesse sido possível a existência de uma discussão racional em torno do valor relativo de obras das diferentes artes e, em particular, da arte que nos interessa aqui, isto é, da poesia.

Tendo o juízo estético um caráter reflexivo e não cognitivo, isto é, não objetivo, não pode haver regras segundo as quais se poderia demonstrar por á mais bê a beleza de uma coisa. Segundo Kant, o juízo estético não se deixa forçar nem pela razão nem por um princípio. No entanto, quando alguém declara belo um objeto, crê merecer um consentimento universal. Pretende-se, isto é, sem possibilidade de demonstrar a verdade do juízo estético, obter para ele uma adesão universal. É esse o sentido da discussão interminável em torno do gosto. Ela ocorre através das gerações entre os mais diversos críticos de poesia, em torno dos mais va-

---

9. Jacques Derrida, "Parergon" In:_____. *La Vérité en peinture*. Paris: Flammarion, 1978, p. 117.

riados poetas, poemas e poéticas, e sob as mais variadas formas que se possa conceber.

Ora, a verdade é que, apesar do fato de que o juízo de gosto não tenha caráter objetivo, de modo que não possa haver para ele nenhum consenso definitivo, como no caso de uma proposição lógica, há um extraordinário consenso tendencial em torno da qualidade de determinadas obras: de certo modo, tal consenso pode ser até mais duradouro do que o que vigora em torno da validade de teorias das ciências exatas como as da física. No século XVIII, tomava-se, por exemplo, a física de Newton como definitiva. No século XX, ela foi, sob muitos aspectos, destronada pela teoria da relatividade, de Einstein. Ora, é quase impensável para nós hoje que algum dia se chegue a abandonar o consenso tendencial em torno da qualidade de obras como *Antígona*, de Sófocles; as *Odes*, de Horácio; *A divina comédia*, de Dante; *Rei Lear*, de Shakespeare; *Fausto*, de Goethe; *As flores do mal*, de Baudelaire; *Mensagem*, de Pessoa; ou *A rosa do povo*, de Drummond.

Quero deixar claro que, ao falar de "críticos" aqui, refiro-me a todos aqueles que explicitam e defendem publicamente os seus juízos estéticos no que diz respeito à poesia. Trata-se, portanto, não apenas de críticos profissionais, mas também de poetas, escritores, professores e historiadores de literatura, organizadores de antologias, filósofos, eruditos, jornalistas, intelectuais, leitores em geral etc. Todos esses, ao explicitarem e defenderem publicamente os seus juízos, fazem parte de uma sociedade aberta de críticos. É essa sociedade aberta que estabelece o cânone poético.

Falar de "cânone poético" e, mais ainda, falar dele para defendê-lo, como faço aqui, é algo extremamente polêmico. Penso, porém, que parte da hostilidade ao conceito de cânone poético deve-se a um equívoco. É que o cânone poético é frequentemente tomado como um conjunto de regras, normas, padrões ou formas fixas tradicionais para a feitura de poemas. Esse é o equívoco. Se o cânone fosse isso, de fato, seu sentido seria servir a finalidades conservadoras ou reacionárias.

Na verdade, o cânone poético consiste num conjunto de textos e/ou autores considerados exemplarmente excelentes e dignos de serem lembrados. Nas palavras do crítico literário norte-americano M. H. Abrams, no seu *A Glossary of Literary Terms*:

> Em décadas recentes a frase cânone literário passou a denotar — em relação à literatura mundial ou à literatura europeia, mas, mais comumente, em relação a cada literatura nacional — aqueles autores que, por um consenso cumulativo de críticos, eruditos e professores, passaram a ser amplamente reconhecidos como "maiores" e a terem escrito obras frequentemente saudadas como clássicos literários. As obras literárias de autores canônicos são, em qualquer momento dado, as mais editadas, mais frequente e plenamente discutidas pelos críticos e historiadores literários e — na época presente — que têm maior probabilidade de serem incluídas em antologias e nas bibliografias de cursos superiores com títulos tais como "Obras-Primas Universais", "Os Maiores Autores Ingleses" ou "Grandes Escritores Americanos".[10]

Hostil ao cânone brasileiro, o crítico literário Flávio Kothe afirma que

> O termo "cânone" tem origem religiosa, e não é empregado por alusão gratuita, mas porque conota a natureza "sagrada" atribuída a certos textos e autores, que assumem caráter paradigmático e são

---

10. M. H. Abrams, *A Glossary of Literary Terms*. Boston: Thompson Wadsworth, 2005. Verbete "Canon of Literature".

considerados píncaros do "espírito nacional" e recolhidos num "panteão de imortais".[11]

Na verdade, porém, a diferença entre o cânone literário e o cânone religioso é imensa. Tomemos como exemplo o cânone católico do Velho Testamento. Ele não foi totalmente explicitado senão no Concílio de Trento, em 1546. Desde então, porém, constitui um dogma. Um concílio eclesiástico é uma reunião de membros da hierarquia eclesiástica, convocada de acordo com a lei canônica, para que, no desempenho de suas funções judiciais e doutrinárias, estatuam, através de uma deliberação comum, regulamentos e decretos que sejam de observância obrigatória para todo católico. O Concílio de Trento determinou o Cânone Católico do Velho Testamento, elaborando a lista fechada dos livros que o compõem. Esta começa com "Os cinco livros de Moisés (Gênesis, Êxodo, Levítico, Números, Deuteronômio), Josué, Juízes, Rute, os quatro livros dos Reis" e assim por diante, até terminar com "dois livros dos Macabeus, o primeiro e o segundo".[12] Em relação a esse cânone, podem-se, portanto, responder inequivocamente às seguintes perguntas: em que consiste exatamente? Quem o determinou? Quando o fez? Onde? Com que autoridade? Quem é obrigado a obedecê-lo?

Já no que diz respeito ao cânone literário, nenhuma dessas perguntas é respondível inequivocamente — se é que seja respondível tout court. Atenhamo-nos ao chamado *cânone ocidental*. Harold Bloom escreveu um livro polêmico intitulado *O cânone*

---

11. Flávio Kothe, *O cânone colonial*. Brasília: Editora Universidade de Brasília, 1997, p. 108.
12. "Canon of the Old Testament". *The Catholic Encyclopedia*, v. 3, 1907. Disponível em: <www.newadvent.org/cathen/03267a. htm>. Acesso em: 15 jan. 2017.

ocidental, onde estuda 26 autores.[13] Será esse realmente o cânone ocidental? Por que 26 autores? Ele comenta que "um livro sobre 26 escritores é possível, mas não um livro sobre quatrocentos".[14] Em apêndice, Bloom lista cerca de 850 autores, sem comentá-los. Devemos então supor que o cânone em torno do qual haja o consenso de "críticos, eruditos e professores" de que fala Abrams contenha cerca de 850 ou talvez mil autores, dos quais Bloom escolheu 26, ou por constituírem uma amostragem, ou por crer serem os melhores? Tratar-se-ia de um erro, pois qualquer definição da extensão do cânone, no sentido em que o entende Abrams, seria arbitrária. Entretanto, talvez Bloom cometa esse erro, pois, segundo ele, os autores da sua lista menor — da qual, curiosamente, em consequência de uma decisão declarada, porém não justificada, nenhum autor antigo faz parte — foram selecionados tanto por sua sublimidade quanto por sua natureza representativa".[15] Assim, a lista de 26 representa, para ele, uma espécie de cânone do cânone dos autores medievais, modernos e contemporâneos: "Certamente", afirma ele, sem pejo, "os maiores escritores ocidentais desde Dante estão aqui".[16]

Observe-se que, claramente, trata-se de uma escolha pessoal. Custa-me crer que Bloom pretenda que os seus 26 autores sejam universalmente reconhecidos como os melhores. Mas, sem dúvida, ele supõe que — mesmo em torno de grande parte dessa lista menor — haverá consenso entre as pessoas razoáveis e cultas. Demos uma olhada nela. Os autores de que consta são: Dante, Chaucer, Cervantes, Montaigne, Shakespeare, Goethe, Wordsworth,

---

13. Harold Bloom, *The Western Canon: The Books and School of the Age*. Nova York: Riverhead Books, 1994.
14. Ibid., p. 2.
15. Ibid.
16. Ibid.

Dickens, Tolstói, Joyce, Proust, Milton, Molière, Borges, Neruda, Whitman, Dickinson, Ibsen, Beckett, Austen, George Eliot, Woolf, dr. Johnson, Freud, Kafka e Pessoa. De certo modo, Bloom está certo: seria difícil impugnar qualquer um desses nomes. Vários dos textos escritos por esses autores são considerados exemplarmente excelentes e dignos de serem lembrados.

Por outro lado, a lista é tendenciosa. Em primeiro lugar ela é distorcida por não incluir, como já observado, autores clássicos, gregos ou romanos. Além disso, há outras deficiências gritantes. Como brasileiro, posso perguntar, por exemplo: por que Chaucer e não Camões? Por que Dickens e não Machado de Assis? Por que Neruda e não Drummond? Por que Dickinson e não Bandeira? Por que George Eliot e não Guimarães Rosa? etc. A preponderância esmagadora da literatura anglo-saxã é inaceitável para quem se formou em outras tradições. A tese da centralidade e superioridade *absoluta* de Shakespeare no cânone é simplesmente ridícula e não merece discussão. As literaturas francesa, italiana, espanhola e alemã estão evidentemente muito sub-representadas. Compare-se, por exemplo, a lista de Bloom com a de Italo Calvino, de 32 clássicos, que contém sete autores italianos, sete ingleses e oito franceses.[17]

Mas a verdade é que os problemas da lista menor de Bloom são em parte consequência do fato de que é praticamente inimaginável uma lista de 26 nomes em torno da qual possa haver um consenso mínimo. A própria lista de Calvino, por exemplo, que acabo de citar favoravelmente, em contraposição à de Bloom, não contém nenhum autor germanófono, o que me parece absurdo (embora, para dizer a verdade, eu esteja sendo injusto com Calvino, pois, diferentemente de Bloom, ele não pretende enunciar

---

17. Italo Calvino, *Por que ler os clássicos*. São Paulo: Companhia das Letras, 1993.

o cânone ocidental, mas apenas falar sobre os seus clássicos prediletos).

Entretanto, a parcialidade de Bloom não se dá apenas na lista dos 26, onde seria mais relevável. Coisa equivalente ocorre na lista dos 850. Eu aceitaria a maior parte dos nomes que ela contém, principalmente dos menos contemporâneos; porém, não ao preço da exclusão de outros nomes que me ocorrem. Na verdade, o anglocentrismo da lista grande é até maior do que o da lista menor. Dos 812 autores modernos e contemporâneos citados, nada menos de 441, ou seja, mais de 50%, são anglófonos. Os autores francófonos, por exemplo, representam menos de um quarto dos anglófonos.

As listas de Bloom, como as de qualquer outro autor, podem, devem ser e são frequentemente criticadas. Eu mesmo acabo de criticá-las. Mas não as critiquei — nem elas são criticáveis — a partir do cânone tal como Abrams o define. Isso não seria factível, uma vez que os autores eleitos por Bloom são canônicos, no sentido de Abrams. Qual a principal restrição que fiz ao livro de Bloom? O fato de que, em consequência de sua parcialidade aos autores anglófonos, as suas listas não se orientam exclusivamente pelos critérios da excelência e da memorabilidade dos autores mencionados. Ou seja, as listas positivas de Bloom são criticáveis por não estarem à altura do verdadeiro cânone literário, do cânone ideal, do cânone normativo — que, no entanto, jamais se reduz a nenhuma lista positiva —, composto, sem mais nem menos, do conjunto de textos e/ou autores exemplarmente excelentes e dignos de serem lembrados: composto, em poucas palavras, dos melhores e mais memoráveis textos e/ou autores existentes no Ocidente.

Dir-se-á que tal cânone, um cânone ágrafo, é simplesmente uma ficção: que não é real. Respondo que a sua realidade é pressuposta por todos os cânones escritos. A razão é muito simples.

Quem quer que acredite que alguns textos e/ou autores sejam melhores e mais memoráveis do que outros acredita necessariamente que haja um conjunto *real* de textos e/ou autores que sejam os melhores e os mais memoráveis de todos. Isso não quer dizer que essa pessoa seja capaz de dizer quantos ou quais são esses autores e/ou textos. Naturalmente, se pensarmos em termos de todas as línguas do mundo, torna-se praticamente impossível dizer quantos e quais são os melhores e mais memoráveis. Quanto mais diminuirmos o nosso universo de referência, porém, e quanto mais aumentarmos o tamanho da lista, mais concebível é que se possa chegar perto do consenso, ainda que este jamais seja perfeito e que qualquer lista positiva permaneça sempre sujeita a discussão. De qualquer maneira, é a partir do cânone ágrafo — isto é, do conjunto dos textos e/ou autores que efetivamente são, do ponto de vista literário, os melhores e mais memoráveis — que qualquer lista positiva pretende legitimar-se, bem como é a partir dele que qualquer crítica a qualquer lista positiva pretende legitimar-se. Nesse sentido, é sempre em nome do cânone que se critica um pretenso cânone.

Podemos, portanto, falar de três modos de cânones literários: (1) dos *cânones positivos*, tais como o de Bloom, que consistem em listas explícitas de textos e/ou autores; (2) do *cânone tácito*, correspondente à definição de Abrams, que consiste numa compilação implícita[18] e difusa dos cânones positivos — é ao cânone tácito que normalmente nos referimos ao falar do cânone literário; e (3) do *cânone ágrafo*, que é o conjunto real das obras efetivamente melhores e mais memoráveis. Tanto os cânones positivos quanto o cânone tácito aspiram a se identificar com o cânone

---

18. É essencial que não seja totalmente explícita, pois, ao explicitar-se, deixa de ser o cânone tácito e passa a ser um cânone positivo.

ágrafo e são criticáveis precisamente na medida em que, claramente, não conseguem atingir essa meta.

Quem escolhe o cânone tácito? Abrams fala, como vimos, de um "consenso cumulativo de críticos, eruditos e professores". E explica:

> O processo social pelo qual um autor ou uma obra literária passa a ser, ampla porém tacitamente, reconhecido como canônico passou a ser denominado "formação do cânone". Os fatores desse processo formativo são complexos e discutidos. Parece claro, porém, que o processo envolve, entre outras condições, uma ampla concorrência de críticos, eruditos e autores com diversos pontos de vista e sensibilidade; a influência persistente de um autor e referência a ele na obra de outros autores; a referência frequente a um autor no discurso de uma comunidade cultural; e a presença constante de um autor ou texto nos currículos escolares e universitários. Tais fatores são, é claro, mutuamente interativos, e precisam ser mantidos por um período considerável de tempo.[19]

Herdamos do passado grande parte das obras canônicas e das obras que contêm juízos sobre elas. Nesse ponto, creio que Bloom não deixa de ter razão: são os poetas que se canonizam a si próprios, em primeiro lugar:

> A resposta a "quem canonizou Milton?" é, em primeiro lugar, John Milton mesmo, mas, quase em primeiro lugar, os outros poetas fortes, desde seu amigo Andrew Marvell, através de John Dryden, até quase todo poeta crucial do século XVIII e do período romântico: Pope, Thomson, Cowper, Collins, Blake, Wordsworth, Coleridge,

19. M. H. Abrams, op. cit., pp. 29-30.

Byron, Shelley, Keats. Certamente os críticos, dr. Johnson e Hazlitt, contribuíram para a canonização; mas Milton, como Chaucer, Spenser e Shakespeare, antes dele, e como Wordsworth, depois dele, simplesmente sobrepujaram a tradição e a subsumiram.[20]

É nos textos da literatura do passado — textos poéticos, críticos, históricos, filosóficos, mas também textos de romances, contos, crônicas, diários, cartas etc. — que aprendemos quem tem sido considerado grande poeta. Essa literatura é publicada nas mais diversas edições e conservada em bibliotecas públicas e privadas, na forma de coleções de livros, microfilmes e bancos de dados digitais. Esse material tradicional é constantemente citado, mencionado, retomado, apresentado, comentado, interpretado, analisado, questionado, criticado, reavaliado, imitado, antologizado, representado e traduzido, a partir dos mais diferentes ângulos. Desse processo tomam parte poetas, escritores, críticos, historiadores, professores, tradutores, estudantes de literatura, jornalistas e o público leitor em geral, isto é, pessoas pertencentes às mais diferentes etnias e classes sociais, tanto em privado quanto em cursos, seminários, palestras, conferências, congressos, nas mais diferentes escolas superiores de praticamente toda parte do mundo. O resultado de tudo isso é publicado em artigos de periódicos especializados, coletâneas e monografias, acadêmicas ou não, e, finalmente, em livros-textos, revistas e jornais, e é refletido por currículos e listas de leituras nas mais diferentes localidades geográficas, nas mais diferentes escolas superiores de praticamente toda parte do mundo: isso sem falar na internet. Essas publicações, como também as publicações de novos poetas e romancistas, ampliam e modificam incessantemente o acervo tradicional, tornando-se objetos de novas discussões. Embora o cânone seja

20. Harold Bloom, op. cit., p. 27.

relativamente hierarquizado, também essa hierarquia está sujeita a sofrer modificações.

Para os novos autores há, além dos círculos literários ou poéticos que Bloom menciona, uma pluralidade de editoras, sites, blogues, jornais e círculos literários e poéticos que promovem debates, leituras, performances, concursos e publicações, nos formatos mais variados imagináveis, em praticamente toda cidade de tamanho médio de quase todo país do mundo.

Diante disso, a pergunta sobre quem escolhe os textos que compõem o cânone tácito parece-me irrespondível. Se ele se mantém é graças ao esforço de uma quantidade enorme de organizações e instituições das mais diversas naturezas e nacionalidades, compostas igualmente de indivíduos das mais diferentes origens e dos mais conflitantes interesses, entre os quais aqueles que o criticam, aqueles que propõem modificá-lo e aqueles que pretendem aboli-lo: isto é, graças ao esforço de uma sociedade inteiramente aberta e anônima.

Assim, apesar de presunçosa, é na verdade ingênua uma afirmação tal como a de Terry Eagleton,[21] de que "o assim chamado 'cânone literário', a 'grande tradição' inquestionada da 'literatura canônica' precisa ser reconhecida como um construto, modelado por pessoas particulares, por razões particulares, em determinado momento". Quem diz tal coisa, não compreende o que significa a sociedade aberta da qual ele próprio, no entanto, uma vez que é capaz de fazer essa afirmação e tê-la publicada, faz parte. Sua ironia é impotente: queira ou não queira, o cânone normativo é certamente uma grande tradição.

Deve-se dizer, porém, que ela está longe de ser inquestionada ou inquestionável. Ao contrário, essa tradição se construiu e

21. Terry Eagleton, *Literary Theory: An Introduction*. Mineápolis: University of Minnesota Press, 1983, p. 9.

se mantém hoje, entre outras coisas, através do questionamento e por causa dele. Trata-se de um construto, sem dúvida, desde que se retire dessa palavra qualquer conotação de arbitrariedade, uma vez que não pode ser considerado arbitrário aquilo que, tendo-se submetido à crítica incessante e implacável, sobrevive. O cânone nada tem a ver com as coisas que são "modeladas por pessoas particulares, por razões particulares, em determinado momento". Essas, produzidas por sociedades fechadas, são impostas à força. Só a cegueira ideológica pode pretender que seja desse modo a sociedade que produz e mantém o cânone, tal como sucintamente a descrevi e tal como a conhece quem nela vive. Cabe a Eagleton o ônus de *name names*, isto é, de dizer quem são essas pessoas particulares e as suas razões particulares, bem como de determinar o momento em que o cânone, como ele o concebe, constituiu-se.

Eagleton se considera marxista. Em determinado momento, ele comenta que

> Karl Marx se preocupara com a questão de saber por que a arte grega conservava um "encanto eterno", embora as condições sociais que a haviam produzido já houvessem passado havia muito tempo.[22]

Ele está se referindo, evidentemente, a um trecho famoso da *Introdução à crítica da economia política*, em que Marx comenta que

> a dificuldade não está em compreender que a arte e a epopeia gregas se articulam com determinadas formas de desenvolvimento social. A dificuldade está em que elas ainda nos facultam prazer

22. Ibid.

estético [*Kunstgenuß*] e em certo sentido valem como norma e modelo inalcançável... Por que não deveria a infância histórica da humanidade, quando se desdobrou ao máximo a sua beleza, exercer um encanto eterno, como uma etapa que jamais retornará?[23]

Normalmente, esse trecho é tomado como uma prova da grandeza de Marx, que, tendo preferido reconhecer uma dificuldade de sua teoria do que tentar encaixar toda a arte do mundo no leito de Procusto da ideologia ou da "superestrutura" (reduzindo-a a mero conjunto de documentos da história da luta de classes), teria preservado o seu — o nosso — direito a amar a beleza da arte do passado. Não é o que pensa Eagleton. Mais marxista do que Marx, ele vê nisso uma fraqueza e pergunta: "Como podemos saber que [a arte grega] permanecerá 'eternamente' encantadora, se a história ainda não terminou?". E procede ao seguinte experimento de pensamento:

> Imaginemos que por força de alguma hábil descoberta arqueológica descobríssemos muito mais sobre o que a tragédia grega realmente significava para suas audiências originais, reconhecêssemos que essas preocupações eram inteiramente alheias às nossas e começássemos a ler as peças novamente à luz desse conhecimento aprofundado. Um resultado disso poderia ser que deixássemos de apreciá-las. Poderíamos passar a perceber que as havíamos previamente apreciado porque as líamos à luz de nossas próprias preocupações; uma vez que isso se tornasse menos possível, o drama poderia cessar totalmente de nos falar de modo significativo.[24]

---

23. Karl Marx, "Einleitung [zur Kritik der politischen Ökonomie]". In: Karl Marx e Friedrich Engels, *Werke*. Berlim: Dietz-Verlag, 1956, v. 13, p. 641.
24. Terry Eagleton, op. cit., p. 9.

Cito esse trecho relativamente extenso porque penso que revela algo importante sobre a canonofobia. Quem verdadeiramente ama um poema — como Marx, por exemplo, ama os poemas de Homero — ama-o porque considera que ele lhe pertence e lhe diz respeito de um modo extremamente íntimo: porque intimamente conhece e, reciprocamente, sabe ser conhecido pelo poema que ama. Acolher desse modo um poema e amá-lo é tê-lo por uma expressão acabada de alguma dimensão fundamental do próprio ser. "*De te fabula narratur*", como dizem as palavras de Horácio que o autor de *Das Kapital* gostava de citar.

Pergunto-me: como é possível que Eagleton suponha que, seja qual for a "habilidade" de uma revelação arqueológica, ela possa ser maior e mais importante do que a revelação oferecida pelos próprios textos das tragédias? Pense-se em *Édipo rei*, por exemplo. Como é capaz de imaginar que *Édipo rei*, ou *Prometeu acorrentado*, ou *As Bacantes*, ou qualquer uma das grandes tragédias possa ser ofuscada ou anulada por uma descoberta arqueológica? A resposta é clara: ele pensa assim porque não tem uma relação vital com a poesia; porque, para ele, a poesia não vale por si. Tal atitude não é o resultado de uma decisão intelectual. Ao contrário: a decisão intelectual sobre o valor (ou a ausência de valor) da poesia é o resultado da relação real que o leitor tem estabelecido com ela. Não é porque decide que a poesia não tem valor que ele deixa de ter uma relação vital com ela: é porque não tem uma relação vital com a poesia que ela não tem valor para ele.

Na verdade, estou sem dúvida exagerando, no que diz respeito a Eagleton. Com certeza a poesia tem algum valor para ele. Está longe, evidentemente, de ser um valor imanente e vital, como para Marx. Creio que para Eagleton, como para muitos, um poema ou uma tragédia tem o valor de um documento histórico, como qualquer outro. Ora, basicamente o que interessa saber sobre um documento histórico são duas coisas: se ele é autêntico e o que representou para as pessoas que o produziram ou dele se serviram. Daí a importância decisiva atribuída à arqueologia.

A quem desse modo desvaloriza a arte, aplicam-se as seguintes palavras de Schopenhauer:

> A obra de arte só fala a cada um segundo a medida de seu próprio valor intelectual; razão pela qual precisamente as obras mais excelentes de cada arte, as produções mais nobres do gênio devem permanecer um livro eternamente fechado à estúpida maioria dos seres humanos, inacessíveis a eles, deles separadas por um largo abismo... É verdade que mesmo os mais tolos deixam as grandes obras valerem por confiarem na autoridade, para não trair a sua própria fraqueza: porém por dentro estão sempre prontos para exprimir o seu juízo condenatório, desde que se lhes permita esperar que podem fazê-lo sem se desmascarar: e então descarregam com deleite seu ódio há muito represado contra tudo o que é grande e belo e que, jamais lhes tendo dito coisa alguma, por isso mesmo humilhou-os, e contra os seus realizadores.[25]

Espero ter deixado claro que o cânone literário — o cânone tácito — é aberto, expansivo e sujeito a modificações, e que é essa abertura que lhe permite tentar aproximar-se de forma assimptótica do cânone ágrafo, de modo a admitir todos os melhores e mais memoráveis textos e/ou autores, independentemente de quaisquer considerações extraestéticas, tais como origem étnica, sexo, orientação sexual, nacionalidade etc.

Comecei esta discussão afirmando que a poesia é inseparável da crítica e acabei defendendo o cânone contra seus detratores. O fato é que, quer o poeta nasça poeta ou não, segundo tenho ob-

---

25. Arthur Schopenhauer, "Die Welt als Wille und Vorstellung". In: *Sämtliche Werke*. Frankfurt am Main: Suhrkamp, 1986, v. 1, p. 329.

servado, alguém se reconhece poeta e decide dedicar-se à poesia a partir do momento em que se apaixona por um ou por vários poemas de verdade. De que outro modo aconteceria isso? Ora, a maneira mais segura de se conhecer poemas de verdade é apreciando uma seleção da seleção que a crítica tem feito e discutido, pelo menos desde Hesíodo e Píndaro até hoje, da melhor poesia já produzida. E tal é o cânone.

5. Sobre as letras de canções[1]

Para Francisco Bosco

Os primeiros poemas meus que foram musicados não haviam sido feitos para isso. Minha irmã, Marina, subtraiu-os de uma gaveta e os musicou, sem o meu consentimento. Entretanto, gostei muito de ouvi-los assim. O primeiro desses poemas foi "Alma caiada", que incluí no meu livro *Guardar*. A partir de "Alma caiada", além dos versos que continuei a fazer para serem lidos, comecei a compor outros expressamente para virarem canções. Ademais, passei a fazer versos para melodias previamente compostas por Marina ou por outros compositores. As melodias, nesses casos, funcionavam como espécies de formas fixas para os versos.

O soneto é certamente a mais famosa forma fixa tradicional e convencional. O soneto petrarquiano, por exemplo, é composto de catorze versos decassilábicos, dispostos em dois quartetos e dois tercetos. Seu esquema de rimas é abba|abba|cdc|dcd. Camões

---

1. Este ensaio foi originalmente publicado como "Letra de música". In: *Cultura Brasileira Contemporânea*, Rio de Janeiro, ano 1, n. 1, nov. 2006.

o construía normalmente com versos heroicos (obrigatoriamente acentuados na sexta sílaba) ou sáficos (obrigatoriamente acentuados na quarta e na oitava sílabas). Entretanto, o soneto ficou cada vez mais flexível, admitindo inúmeros esquemas de rima e metro.

O soneto foi inventado, provavelmente no século XIII, por Giacomo da Leontini e, naturalmente, podem-se inventar novas formas fixas. É o que faziam, por exemplo, os poetas de um grupo francês chamado Oulipo. Pois bem, a melodia de uma canção muitas vezes produz uma forma fixa nova. É por isso que cada poeta lírico grego podia ter os seus próprios esquemas métricos: esses poemas faziam parte de canções. Perderam-se as suas melodias, ficaram as letras, que são poemas com diferentes esquemas métricos.

Observe-se, por exemplo, a canção "A felicidade", de Tom Jobim e Vinicius de Moraes. Não sei como ela foi composta, mas suponhamos que Tom tenha feito uma melodia para Vinicius. Este teria tido então que pôr letra numa melodia cuja primeira frase pedia seis sílabas, a primeira das quais átona, seguida de uma sílaba tônica, seguida de três sílabas átonas e, finalmente, de uma sílaba tônica. Podemos grafar esse esquema métrico-rítmico da seguinte maneira:

∪—∪∪∪—

Vinicius o preencheu com o verso "Tristeza não tem fim". Vejamos o esquema métrico-rítmico — o monstro — da canção inteira (marco o esquema de rimas com as letras a, b, c, d):

∪—∪∪∪—
Tristeza não tem fim   *a*
∪—∪—∪—
Felicidade sim   *a*

—∪∪∪—∪∪∪—∪

A felicidade é como a gota   *b*

∪—∪∪∪—∪∪∪—

De orvalho numa pétala de flor   *c*

—∪∪—∪

Brilha tranquila   *d*

∪—∪—∪—∪

Depois de leve oscila   *d*

∪—∪∪∪—∪∪∪—

E cai como uma lágrima de amor   *c*

Sempre tomei as formas fixas como uma espécie de desafio. Há algo de verdadeiro na afirmação de Paul Valéry de que "é poeta aquele a quem a dificuldade inerente à sua arte dá ideias, e não o é aquele a quem ela as retira".[2] As formas que o poeta se obriga a seguir, quer as tenha inventado, quer as tenha encontrado prontas — têm o sentido de obrigá-lo a trabalhar para além do que se lhe dá espontaneamente, para além da "inspiração".

Paralelamente a fazer canções, continuei a escrever poemas para serem somente lidos. De maneira curiosa, alguns deles — alguns sonetos, que eu achava que não pudessem ser musicados — acabaram por sê-lo, depois que o livro foi publicado. É o que ocorreu com "Logrador",[3] que foi musicado por Orlando Morais. Um

---

2. Paul Valéry, "Tel quel". In:_____. *Œuvres II*. Paris: Gallimard, 1960, p. 627.
3. Antonio Cicero, "Logrador". In:_____. *Guardar*. Rio de Janeiro: Record, 1996, p. 71.

> Você habita o próprio centro
> de um coração que já foi meu.
> Por dentro torço pra que dentro
> em pouco lá só more eu.
> Livre de todos os negócios
> e vícios que advêm de amar

caso curioso é o da canção "O circo". Ela foi feita para a melodia de um compositor e cantor que acabou por não gravá-la. Como eu gostava muito dessa letra — que é, à primeira vista, muito simples, mas, no fundo, muito reflexiva —, eu a pedi de volta e a dei para Orlando Morais, que fez para ela uma música nova. Originalmente, ela se chamava "Onze e meia", mas Orlando, achando que isso podia, erroneamente, parecer uma referência ao programa de televisão homônimo do Jô Soares, preferiu mudar seu título. Incluí-a também no livro *Guardar*, devolvendo-lhe o nome original.[4]

Para ser sincero, gosto mais de fazer poemas para serem lidos

---

lá seja o centro de alguns ócios
que escolherei por cultivar.
E pra que os sócios vis do amor,
rancor, dor, ódio, solidão,
não mais consumam meu vigor,
amado e amor banir-se-ão
do centro rumo a um logrador
subúrbio desse coração.

4. Antonio Cicero, "Onze e meia". In:_____. *Guardar*. Rio de Janeiro: Record, 1996, p. 47.

Quando a noite vem
um verão assim
abrem-se cortinas varandas
janelas prazeres jardins

Onze e meia alguém
concentrado em mim
no espelho castanho dos olhos
vê finalidades sem fim

Não lhe mostro todos os bichos que tenho de uma vez
Armo o circo com não mais do que uns cinco ou seis
leão camelo garoto acrobata
e não há luar
e os deuses gostam de se disfarçar

do que letras de música. Há duas razões para isso. Uma delas é que, neles, me reconheço mais inteiramente. Como não sou cantor nem compositor ou músico — ao contrário, por exemplo, de Caetano Veloso ou de Chico Buarque —, as letras que escrevo sempre fazem parte de alguma obra de outra pessoa. Elas passam pela mediação de outras pessoas. Não acho que o resultado dessa mediação seja ruim: ao contrário, tenho meus parceiros como grandes artistas. Aliás, um aspecto muito interessante dessas parcerias é que cada parceiro funciona para mim, até certo ponto, como uma espécie de heterônimo meu, enquanto componho uma letra para a melodia que ele ou ela me deu. Além disso, a própria melodia me sugere ideias que eu não teria tido sem ela. Entretanto, o produto final não é a letra que fiz, mas a canção, da qual ela é uma parte. As composições que eu e meus parceiros fazemos juntos não são obras totalmente minhas, ao contrário dos poemas que faço para serem lidos.

A outra razão pela qual gosto mais de fazer poemas para serem lidos do que letras de música é que, embora os poemas que tenho feito ultimamente possam até ser entendidos numa primeira leitura, não creio que possam ser plenamente apreciados a menos que sejam lidos e relidos, pois têm uma trama muito complexa de referências internas e externas, que não se aprende senão através de uma leitura lenta e cuidadosa que somente pode ser feita na voz baixa e interior que o poeta Jacques Roubaud denomina "aural".

A relação entre letra de música e poesia é muito discutida no Brasil, principalmente porque alguns compositores que nunca publicaram livros de poemas são, apesar disso, reconhecidos como grandes poetas. A questão é normalmente posta do seguinte modo: "Letra de música é poema?". A expressão "letra de música" já indica de que modo essa questão deve ser entendida, pois a palavra "letra" remete a escrita. O que se quer saber é se a letra, separada da música, constitui um poema escrito.

Há um lado dessa discussão que me desgosta. A fruição e a avaliação de uma obra de arte não deveria ter nada a ver com a determinação do gênero ao qual ela pertence. Exemplo: leio versos numa página. Acho que são um poema maravilhoso. Se descobrir que se trata de uma letra de música, isso alterará o meu juízo? Outro exemplo: mais de 99,9% dos livros de poemas ou dos discos de música erudita não chegam aos pés do disco *Amoroso*, de João Gilberto. Que importa a que gênero esse disco pertence?

Assim, o que está em jogo na pergunta parece-me ser um problema de status, importante somente para quem não sabe julgar as coisas por si mesmo. Há dois partidos. Por um lado, vejo letristas querendo entrar no "clube dos poetas", isto é, querendo fazer jus ao status e aos privilégios simbólicos conferidos pelo título de "poeta"; por outro, vejo os membros desse "clube", conscientes de que privilégios dos quais todos desfrutam deixam de ser privilégios, contestando o direito dos letristas a ingressarem nele. Não me identifico nem com um lado nem com o outro. Recentemente, um poeta propôs até uma conciliação: "Fiquem com a fama, deixem-nos o prestígio", disse ele, em suma, numa entrevista. Tudo isso me parece lamentável, pois nada tem a ver com poesia ou arte.

Mas vou tentar analisar e responder à pergunta, do ponto de vista puramente lógico. "Letra de música é poema?" Essa formulação é inadequada. Desde que as vanguardas mostraram que não se pode determinar *ex ante* quais são as formas lícitas para a poesia, qualquer coisa pode ser um poema. Se um poeta escreve letras soltas na página e diz que é um poema, quem provará o contrário? A verdadeira pergunta parece ser, portanto, se uma letra de música é um bom poema. Entretanto, mesmo esta última pergunta ainda não é suficientemente precisa, pois, do ponto de vista modal, pode estar a indagar duas coisas distintas: (1) se uma letra de música é necessariamente um bom poema; e (2) se uma letra de música é possivelmente um bom poema.

Quanto à pergunta (1), é evidente que deve ter uma resposta negativa. Nenhum poema é necessariamente um bom poema; nenhum texto é necessariamente um bom poema; logo, nenhuma letra é necessariamente um bom poema. Mas talvez o que se deva perguntar é se uma boa letra é necessariamente um bom poema. Ora, também a essa pergunta, a resposta é negativa. Quem já não teve a experiência, em relação a uma letra de música, de se emocionar com ela ao escutá-la cantada, e depois considerá-la insípida, ao lê-la no papel, sem acompanhamento musical? Não é difícil entender a razão disso. Um poema é um objeto autotélico, isto é, ele tem o seu fim em si próprio. Quando o julgamos bom ou ruim, estamos a considerá-lo independentemente do fato de que, além de ser um poema, ele tenha qualquer utilidade. Uma letra de música, por outro lado, é heterotélica, isto é, ela não tem o seu fim em si própria. Para que a julguemos boa, é necessário e suficiente que ela contribua para que a obra musical de que faz parte seja boa. Em outras palavras, se uma letra de música servir para fazer uma boa canção, ela é boa, ainda que seja ilegível. E a letra pode ser ilegível porque, para se estruturar, para adquirir determinado colorido, para ter os sons ou as palavras certas enfatizadas, ela dependa da melodia, da harmonia, do ritmo, do tom da música à qual se encontra associada. Assim, uma boa letra de música não é necessariamente um bom poema.

A resposta para (2), por outro lado, é evidentemente positiva. Os poemas líricos da Grécia antiga e dos provençais eram letras de músicas. Perderam-se as músicas que os acompanhavam, de modo que só os conhecemos na forma escrita. Ora, muitos deles são considerados grandes poemas; alguns são enumerados entre os maiores que já foram feitos. Além disso, nada impede que um bom poema, quando musicado, se torne uma boa letra de música. Assim, uma letra de música pode ser um bom — ou mesmo um grande — poema.

Não se pode, portanto, dizer nem que uma boa letra seja necessariamente um bom poema nem que letra nenhuma possa ser um bom poema. Isso quer dizer que não se pode fazer juízos aprioristicos, no que diz respeito a esse assunto. É preciso considerar cada caso individual.

Para dizer a verdade, o que intriga é que haja tantos grandes poemas entre as letras gregas e provençais, mas tão poucos entre as modernas. Recentemente, o livro de Caetano *Letra só*, organizado por Eucanaã Ferraz, reunindo grande parte das letras de Caetano — dispostas nas páginas não como num songbook, acompanhadas de partituras, mas como num livro de poemas — me fez pensar melhor sobre essa questão. Percebe-se, ao folheá-lo, que se está diante de um grande livro de poemas. Ora, Caetano é um entre milhares de compositores e letristas brasileiros. Quase nenhuma das letras desses letristas se sustenta em livro. Pois bem, a situação de Caetano equivale à dos poetas gregos que nós conhecemos. Para o punhado de poemas de Safo que nos chegaram, dentre os quais duas ou três obras-primas, quantos milhares de canções fracas, de compositores fracos, não tiveram que ser escritas e perdidas, na Grécia antiga?

Li recentemente um autor tentar provar a tese de que as letras de música não chegam a ser poemas. Penso que nenhum dos seus argumentos se sustenta. Apresento-os a seguir, acompanhados das respectivas refutações.

1.
a) O poema tem uma estrutura autônoma, enquanto
b) a letra é ancilar da partitura.
Refutação:

a) Dizer que o poema tem uma estrutura autônoma é dizer que ele deve "se segurar" sozinho na página; ora, há poemas que não se seguram e nada impede que haja letras que se segurem. É o caso da lírica grega, já mencionada. Isso deve ser resolvido caso a caso.

b) Por outro lado, dizer que a letra é ancilar da partitura é dizer que ela depende da partitura; que ela não se segura sem a partitura: mas isso não é um argumento para provar que a letra de música não se segura sozinha na página; isso é *quod erat demonstrandum*: é uma repetição da tese mesma que se quer provar.

2.

a) O poema tem um ritmo verbal, enquanto

b) a letra tem seu ritmo verbal neutralizado pela melodia.

Refutação:

a) Tudo o que é dito, tudo o que pode ser dito tem um ritmo verbal. A questão é saber se esse ritmo verbal cumpre a sua função ou não.

b) A letra tem seu ritmo verbal neutralizado pela melodia quando ela é cantada; não quando se encontra escrita na página. Também aqui, tudo tem que ser resolvido caso a caso.

3.

a) O poema tem uma recepção a nível [sic] superior, enquanto

b) a letra tem recepção nivelada ao gosto popular.

Refutação:

Isso significa o quê?

a) Que o poema não pode ser popular? Então é falso.

b) Que a letra não pode ser sofisticada? Também é falso.

4.

a) O poema tem uma temática universal, enquanto

b) a letra tem temática restrita ao consumo.

Refutação:

a) Muitos poemas têm uma temática absolutamente particular, idiossincrática. O poeta pode falar sobre a lata de sardinha que se encontra no seu refrigerador e fazer um grande poema.

b) Inversamente, muitas letras falam sobre amor, juventude, velhice, morte etc., que são temas universais.

5.

a) O poema tem uma linguagem conotativa e opaca, enquanto

b) a letra tem linguagem familiar e transparente.

Refutação:

a) E desde quando não há conotação nas letras? E desde quando opacidade é qualidade estética? Um poema pode ser bom e opaco, bom e transparente, ruim e opaco, ruim e transparente. O mesmo vale para uma letra.

b) Devemos reconhecer que o bom letrista, normalmente, leva em conta o fato de que a sua letra será ouvida, não lida. Ele trabalha com isso: o que não impede que ele faça uma (grande) letra opaca. É o caso de muitas letras de Bob Dylan, por exemplo.

6.

a) O poema tem alto grau de complexidade, enquanto

b) a letra tem alto grau de simplicidade.

Refutação:

Essas palavras estão sendo usadas de modo excessivamente vago. O que é um poema ou uma letra "simples"?

a) O "Poema do beco", de Bandeira, é complexo ou simples?

b) "Construção", do Chico Buarque, é complexa ou simples?

7.

a) O poema está fora das contingências do mercado, enquanto

b) a letra está condicionada às contingências do mercado.

Refutação:

a) O dinheiro não é a única expressão de valor, a única moeda pela qual se pode trocar um bem simbólico. Há poetas que fazem poemas para atender a demandas — a mercados — já existentes, em troca da moeda do prestígio.

b) É uma contingência, não uma necessidade, que a letra seja contingente ao mercado. De todo modo, a arte não tem compromissos éticos. O que interessa é o resultado.

Mas o erro mais grave, nessa questão, não é falar de letra versus poesia, mas de letristas versus poetas, como li outro autor fazer, numa entrevista: "Poesia é poesia, e letra é letra [...] *poeta é poeta, letrista é letrista*".

Não há argumentação aqui. Tautologias nada dizem. O próprio autor dessa frase tem a pretensão de ser tanto jornalista quanto poeta. Ora, poesia é poesia, e artigo de jornal é artigo de jornal, e poeta é poeta, e jornalista é jornalista. Será preciso dizer mais?

Tudo somado, a verdade é que pouquíssimas letras contemporâneas tornam-se bons poemas: o que não chega a ser problema para elas, uma vez que não aspiram a tal. O pior é que pouquíssimas letras viram boas letras; e pouquíssimos letristas chegam a ser bons letristas. Mas é também verdade que ainda menos poemas tornam-se bons. A verdadeira arte aspira ao nec plus ultra. O medíocre lhe é tão intolerável quanto o ruim. Horácio é quem melhor o diz: "*Mediocribus esse poetis/ non homines, non di, non concessere columnae*" ["Que sejam medíocres os poetas/ nem os homens, nem os deuses, nem as colunas concedem"]. Hoje em dia, quem não é poeta acha fácil fazer poesia. O verdadeiro poeta é aquele que sabe que fazer poesia é extremamente difícil.

6. O verso[1]

Para Matinas Suzuki Jr.

A palavra "verso", na acepção que aqui nos interessa, opõe-se a "prosa". Essa oposição pode ser esclarecida etimologicamente. Como observei acima, no ensaio "A poesia entre o silêncio e a prosa do mundo", "prosa" — do vocábulo latino *prorsus* e, em última instância, de *provorsus*, que quer dizer "em frente", "em linha reta" — é o discurso que segue em frente, sem retornar. "Verso" — do vocábulo latino *versus*, particípio passado substantivado de *vertere*, que quer dizer "voltar", "retornar" — é o discurso que retorna. Convém aqui talvez alertar contra um erro comum: o que opõe a poesia à prosa, confundindo-a, portanto, com o verso.

O sentido da oposição entre verso e prosa na cultura oral primária (que é aquela que não conhece a escrita) não é idêntico ao que tem na cultura que emprega a escrita. Refiro-me aqui, em particular, à escrita alfabética. Nesta, podemos dizer que o texto

---

1. Texto originalmente publicado como "Verso". In: *Revista Serrote: Uma revista de ensaios, ideias e literatura*, São Paulo, n. 1, mar. 2009.

em prosa é aquele que não passa de uma linha para outra senão ao chegar à margem direita da superfície sobre a qual é escrito, isto é, senão devido a uma contingência física. Em princípio, mesmo um texto extenso poderia ser escrito numa única linha que se prolongasse indefinidamente, sem jamais retornar à margem esquerda. Em contraste com isso, o texto em versos é o que passa de uma linha para outra — retorna à margem esquerda — ainda que não haja nenhuma necessidade física para isso.

Já na cultura oral primária, o verso pode ser definido como um sintagma que exemplifica um padrão sonoro (metro ou medida) recorrente. Sendo assim, a prosa não consiste num gênero literário, mas apenas na fala em que não ocorre semelhante reiteração. A rigor, não há nenhum gênero literário em tal cultura, pela razão óbvia de que a própria palavra "literário" provém de "letra". O que nela existe é a diferença entre aquilo que se reitera e aquilo que não se reitera. O que se reitera é uma palavra, um verso, um provérbio, um poema. Na Grécia arcaica, cada uma dessas coisas é denominada *epos* pelo poeta oral Homero. O que não é *epos*, o que não se reitera, é *mythos*, palavra da qual provém a nossa "mito", mas que originalmente significava simplesmente "fala".

Evidentemente, a cultura oral primária não poderia ter concebido o verso livre, uma vez que, para ela, a noção de verso deriva da de reiteração, e nada necessariamente se reitera no verso livre. Este só é concebível, portanto, a partir da cultura letrada. Se hoje, ao ouvir um poeta recitando, podemos reconhecer seu discurso como composto de versos livres, é que a leitura os tornou concebíveis para nós.

Vimos que o texto em versos é aquele que, ao contrário do texto em prosa, passa de uma linha para outra, mesmo que não haja necessidade física para tanto. No caso do verso metrificado — que, nas línguas indo-europeias modernas, como o português, é classificado segundo o número de sílabas de que se compõe, contando-se até a última acentuada — essa passagem é ditada pelo metro. Se o texto é escrito em decassílabos, por exemplo, então cada verso termina na palavra que contém a décima sílaba acentuada.

Cada metro tende a produzir determinado ritmo. O decassílabo, por exemplo, tende a ser acentuado na sexta e na décima sílabas (verso heroico), ou na quarta, na oitava e na décima (verso sáfico). Pois bem, o verso heroico tende a produzir um ritmo chamado *pentâmetro iâmbico*, que consiste em cinco sequências de uma sílaba não acentuada, seguida de uma sílaba acentuada, como no seguinte verso de Camões:

Os DEUses FAZ desCER ao VIL terREno.[2]

E quanto ao verso livre? O que determina quando deve terminar? Será a decisão do poeta totalmente arbitrária? É famosa a afirmação de T.S. Eliot de que "não há verso livre para quem quer fazer um bom trabalho". Em que sentido será possível dizer que não é inteiramente livre o verso livre? Segundo uma resposta comum, ele é determinado pelo ritmo que se deseja imprimir ao poema. Entretanto, pelo menos no sentido corriqueiro de "ritmo", que é o de uma "sucessão de tempos fortes e fracos que se alternam com intervalos regulares", o verso livre não tem ritmo.

Mas examinemos a questão a partir de um exemplo famoso. O poema "A flor e a náusea", de Drummond, começa com

Preso à minha classe e a algumas roupas,
vou de branco pela rua cinzenta.
Melancolias, mercadorias espreitam-me.[3]

---

2. Luís de Camões, *Os Lusíadas*. Porto: Porto, 1985, canto IX, estrofe 20.
3. Carlos Drummond de Andrade, "A flor e a náusea". In:_____. "A rosa do

Seria a mesma coisa se ele houvesse sido escrito em prosa? Não creio: "Preso à minha classe e a algumas roupas, vou de branco pela rua cinzenta. Melancolias, mercadorias espreitam-me".

Algo parece perder-se, na prosa. O quê? Uma unidade de som e sentido que cada verso parece ter e que, por um lado, o separa e mesmo opõe ao verso que o antecede e/ou ao que o segue e que, por outro lado, é por ele(s) complementada. Na verdade, não é propriamente um ritmo que o verso livre propõe, mas o modo espaçotemporal em que o discurso poético deve ser apreendido.

Mas o que acabo de dizer pode ser mais bem percebido em outros trechos do poema. Por exemplo:

Vomitar esse tédio sobre a cidade.
Quarenta anos e nenhum problema
resolvido, sequer colocado.[4]

Em prosa, isso ficaria: "Vomitar esse tédio sobre a cidade. Quarenta anos e nenhum problema resolvido, sequer colocado".

Aqui, é claro que o enjambement entre o segundo verso e o terceiro não pode, de maneira nenhuma, ser reproduzido em prosa. A suspensão espaçotemporal entre o segundo verso "Quarenta anos e nenhum problema", que parece afirmar um fato, e o terceiro verso, "resolvido, sequer colocado", que muda o sentido do segundo verso para o oposto daquele que parecia ser, isto é, que o transfigura numa espécie de sonho passageiro, logo dissipado na queda ou no despertar para a realidade que se revela com o terceiro verso, constitui um recurso poético por excelência. E como um problema "sequer colocado" equivale, de certa maneira,

---

povo". In:_____. *Poesia e prosa organizada pelo autor.* Rio de Janeiro: Nova Aguilar, 1988, p. 97.

4. Ibid.

a "nenhum problema", voltamos ao segundo verso, cujo sentido se torna, assim, ainda mais problemático.

Desse modo, o verso livre, exatamente por não se confundir com nenhum metro ou ritmo, mostra — mais claramente do que o verso metrificado — algo essencial sobre todo verso escrito: é que ele constitui uma unidade espaçotemporal irredutivelmente poética, em que são indiscerníveis o som, o sentido e a disposição gráfica do poema.

Termino retornando, de certo modo, à advertência que fiz no começo: dizer que o verso constitui um recurso poético maior, como aqui fiz, está longe de querer dizer que o poema se reduza ao verso ou que a poesia se oponha à prosa.

7. A poesia de Armando Freitas Filho e a apreensão trágica do mundo[1]

Em entrevista ao site do Memorial da América Latina por ocasião do lançamento do livro *Fio terra*, de 2000, Armando Freitas Filho declarou que

> João Cabral é, no mínimo, referência obrigatória — incontorná-vel — para minha geração. Temos que encará-lo, enfrentá-lo mesmo, até para que a leitura de sua obra possa ser feita com mais distanciamento evitando, com esse procedimento, mimeti-zá-lo acriticamente, como quase sempre acontece, pegando ou fazendo o mais fácil: rigor de fachada (não levando em conta o quanto de visceral sua poesia contém) e ranhetice idiossincráti-ca [...].[2]

---

1. Este ensaio foi originalmente publicado em: *Revista Palavra*, Sesc, 2015.
2. Armando Freitas Filho, Entrevista ao Memorial da América Latina. Site do Memorial da América Latina, 2001. Disponível em: <www.memorial.org.br/cbeal/poetas-na-bilbioteca/armando-freitas-filho/entrevista-armando/>. Acesso em: 7 abr. 2015.

De fato, Armando encara e enfrenta João Cabral; e o faz na sua própria poesia. É conhecida, por exemplo, sua paródia ao poema "Catar feijão", de Cabral. Lembro que esse poema consiste no seguinte:

Catar feijão se limita com escrever:
jogam-se os grãos na água do alguidar
e as palavras na da folha de papel;
e depois, joga-se fora o que boiar.
Certo, toda palavra boiará no papel,
água congelada, por chumbo seu verbo:
pois para catar esse feijão, soprar nele,
e jogar fora o leve e oco, palha e eco.

Ora, nesse catar feijão entra um risco:
o de que entre os grãos pesados entre
um grão qualquer, pedra ou indigesto,
um grão imastigável, de quebrar dente.
Certo não, quando ao catar palavras:
a pedra dá à frase seu grão mais vivo:
obstrui a leitura fluviante, flutual,
açula a atenção, isca-a com o risco.[3]

Sobre o título do poema, João Cabral mesmo explica que a poesia deve procurar elevar o não poético ao poético. "Eu não acredito num poeta", disse ele uma vez, "e nem gosto da poesia que fale de coisas já poéticas. Um poema como eu fiz: 'Catar feijão'. Você acha que no mundo alguém imaginou um poema sobre o ato de catar feijão para botar o feijão para cozinhar?"[4]

---

3. João Cabral de Melo Neto, "A educação pela pedra". In: _____. *Obra completa.* Rio de Janeiro: Nova Aguilar, 1995, p. 346.
4. Félix Athayde, *Ideias fixas de João Cabral de Melo Neto.* Rio de Janeiro: Nova Fronteira, 1998, p. 53.

O poema deixa claro que, quando se cata feijão para comer, deve-se jogar fora o que não boiar, como a pedra. Por outro lado, quando se catam palavras num poema, as pedras caem bem, pois obrigam o leitor a prestar atenção no que está lendo. A pedra, aliás, é evocada pela sonoridade da letra *r* nos encontros consonantais "dr", "fr", "gr" e "tr", nos versos "a pe*dr*a dá à *fr*ase seu *gr*ão mais vivo:/obs*tr*ui a leitura fluviante, flutual". Já o que boia é "o leve e oco, palha e eco". O leve é, evidentemente, o superficial; o oco é o que nada diz; a palha é o supérfluo; e o eco é o que não passa da repetição do que o escritor já ouviu ou leu antes. Ora, Cabral pensa que tudo o que vem espontaneamente ao escritor é exatamente "o leve e oco, palha e eco". É isso, e não a pedra dura e pesada, que ele tem que eliminar por meio do trabalho.

A paródia de Armando, "Caçar em vão", não se opõe a todas essas ideias, mas afirma outras verdades. Seu poema diz:

Às vezes escreve-se a cavalo.
Arremetendo, com toda a carga.
Saltando obstáculos ou não.
Atropelando tudo, passando
por cima sem puxar o freio —
a galope — no susto, disparado
sobre pedras, fora da margem
feito só de patas, sem cabeça
nem tempo de ler no pensamento
o que corre ou o que empaca:
sem ter a calma e o cálculo
de quem colhe e cata feijão.[5]

5. Armando Freitas Filho, "Fio terra". In: _____. *Máquina de escrever*. Rio de Janeiro: Nova Fronteira, 2003, p. 583.

O poema realiza o que descreve/prescreve. O primeiro verso enuncia a tese: "Às vezes escreve-se a cavalo". O segundo e o terceiro explicam a tese; e os enjambements, do quarto ao décimo verso, produzem uma analogia rítmica da "escrita a cavalo". Os dois últimos versos se referem diretamente ao poema de Cabral, que negam.

Ora, por que "às vezes" não se teria "a calma e o cálculo/de quem colhe e cata feijão", por que se escreveria "a cavalo", senão por se sentir certa *urgência* de escrever? Escreve-se "a cavalo" por alguma necessidade *vital*. Aqui a *poesia* é vital: diz respeito à vida. Com efeito, é essa a sensação que se tem ao ler a poesia de Armando. Leia-se, por exemplo:

> *Escrevo*
> > *só*
> *em último caso*
> *ou como quem alcança*
> *o último carro*
> *como quem*
> > *por um triz*
> *por um fio*
> > *não fica*
> *no fim da linha*
> *de uma estação sem flores*
> > *a ver navios.*[6]

O poema "Outra receita", que abre o livro *Raro mar*, também se refere a "Catar feijão", considerando-o, é claro, como a uma receita anterior de poesia. Ele diz:

---

6. Id., "Longa vida". In: _____. *Máquina de escrever*. Rio de Janeiro: Nova Fronteira, 2003, p. 299.

Da linguagem, o que flutua
ao contrário do feijão à João
é o que se quer aqui, escrevível:
o conserto das palavras, não só
o resultado final da oficina
mas o ruído discreto e breve
o rumor de rosca, a relojoaria
do dia e do sentido se fazendo
sem hora para acabar, interminável
sem acalmar a mesa, sem o clic
final, onde se admite tudo —
o eco, o feno, a palha, o leve —
até para efeito de contraste
para fazer do peso — pesadelo.
E em vez de pedra quebra-dente
para manter a atenção de quem lê
como isca, como risco, a ameaça
do que está no ar, iminente.[7]

Aqui se explicita a exigência da fusão da vida com o poema. O que se quer "escrevível" é exatamente o que flutua, isto é, o que Cabral chama de "fluviante, flutual", ou seja, a vida imediata, impensada, espontânea, que ele quer eliminar do poema. Esta não só está presente no poema, mas, em parte, confunde-se com a própria feitura dele, com o "ruído discreto e breve/ o rumor de rosca, a relojoaria/ do dia e do sentido se fazendo/ sem hora para acabar, interminável/ sem acalmar a mesa, sem o clic". Cabral dizia que sabia quando seu poema estava pronto porque ele fazia um clique, como um estojo que se fecha. Armando replica:

7. Id., *Raro mar*. São Paulo: Companhia das Letras, 2006, p. 19.

Gritos por dentro
que acabam calados
na boca do céu.
Píncaros! Terrível.
Qualquer palavra que tenha escarpas
sentidos ou ritmos de perfis agudos
de sprinter e sentinela
em arrepiadíssimos despenhadeiros.
Sem luxo.
Sem o encaixe justo da joia no estojo.[8]

Ao final de "Outra receita", persiste "como isca, como risco, a ameaça/ do que está no ar, iminente". Em tal poesia tem lugar "o eco, o feno, a palha, o leve" que Cabral rejeita. Eles servem, segundo o poema de Armando, "até para efeito de contraste/ para fazer do peso — pesadelo". Ou seja, o próprio "peso" ou dificuldade da palavra do poema que, no autor de "Catar feijão", é oposto à vida espontânea, "fluviante, flutual", produz, no poema de Armando, "pesadelo", isto é, vira também vida.

Sobre a relação entre vida e poesia, leia-se, também, o seguinte:

Abrir os pulsos
 as gavetas
e cortar as veias
enquanto é tempo
de salvar a vida
e impedir que o poema
caia
 em si mesmo

8. Id., "Números anônimos". In: _____. *Máquina de escrever.* Rio de Janeiro: Nova Fronteira, 2003, p. 514.

como os repuxos, os reflexos
os anúncios luminosos
que trabalham sempre
com a mesma água
sem o risco das hemorragias.[9]

O que aqui importa é "impedir que o poema/ caia/ em si mesmo". Aqui o inaceitável é o beletrismo, *l'art pour l'art*, o poema que não passa de repetição dos antigos artifícios, a negação da sujeira vital e da liberdade da poesia. Paradoxalmente, para salvar a vida do poema, vale até "abrir os pulsos/ as gavetas/ e cortar as veias": abrir os pulsos e as veias figurativamente, isto é, ir até o limite da vida, para que o sangue jorre e corra no próprio poema; abrir as gavetas para que o que não passa de rascunho, de experimentação, de *risco* passe para o poema.

Contudo, é preciso enfatizar que aqui se trata, de fato, de uma fusão entre poesia e vida, entre forma e conteúdo. De maneira nenhuma Armando despreza o conhecimento da tradição canônica ou o trabalho da feitura do poema. Ao contrário: seus poemas são extremamente elaborados e bem construídos. Nesse sentido, eles se opõem inteiramente ao vitalismo da chamada "poesia marginal".

Mas não é somente isso que opõe a poesia de Armando à "poesia marginal". Há algo mais profundo. É que, enquanto a poesia marginal se deleita com o cotidiano em estado bruto e superficial, como no "poema-piada", a poesia de Armando tende, ao contrário, a manifestar o que considero ser uma profunda apreensão trágica do mundo. Lembro-me, aliás, de uma entrevista em que Armando fez uma declaração que, embora possa lembrar um poema-piada,

---

9. Id., "3×4". In: _____. *Máquina de escrever*. Rio de Janeiro: Nova Fronteira, 2003, p. 364.

não deixa de manifestar o que chamo de "apreensão trágica do mundo". Ei-la: "Acredito em Deus. Na ferocidade dele".[10]

O paradigma de tal apreensão se encontra, é claro, nas tragédias. O herói trágico enfrenta seu destino com tal dignidade que, longe de serem deprimentes, as tragédias são exaltantes. Embora, nas tragédias de Shakespeare, certos monólogos afirmem verdades profundas sobre o caráter patético, ridículo, terrível e/ou absurdo da própria condição humana, eles jamais são deprimentes. Ao contrário, exatamente a dignidade e a coragem de reconhecer tais verdades exalta tanto o herói quanto o ouvinte e/ou leitor desses monólogos.

Pois bem, manifestações exaltantes da apreensão trágica do mundo podem dar-se não apenas na poesia trágica ou na épica, mas também na boa poesia lírica. Assim é, por exemplo, o seguinte poema:

Deposição

A vida vem com a morte implícita.
Trações iguais da mesma corrente
com elos idênticos que só mudam
de sentido quando algum quebra.
A ferida de entrada, aberta desde
o princípio, dura um minuto
ou muitos. Nada se explica nunca.
Tudo é parte da mesma pedra
amordaçada por sua camisa de força
natural, e que cai — cada vez mais —

---

10. Id., Entrevista ao Memorial da América Latina. Site do Memorial da América Latina, 2001. Disponível em: <www.memorial.org.br/cbeal/poetas-na-bilbioteca/armando-freitas-filho/depoimento-armando/>. Acesso em: 7 abr. 2015.

no poço até o fundo, que não é falso
mas o que se sente, permanente
é a queda, não o primeiro chão
da cama ou o do próprio corpo
ou depois o último, final, de terra.[11]

Lembro que a palavra "deposição" é polissêmica. Ela pode significar depoimento, testemunho, destituição, demissão, renúncia, abdicação, desistência, abandono, descenso, descensão... E o poema joga com todos esses sentidos, a partir do primeiro: o depoimento trágico de que "a vida vem com a morte implícita". E "nada se explica nunca". Não: pois "tudo é parte da mesma pedra". Volta aqui a imagem da pedra. E, de novo, a pedra tem o sentido muito diferente do que tem para João Cabral. De novo, aqui ela tem a ver com a vida. Trata-se da vida natural, corpórea, sujeita à gravidade natural, tendendo, desde o início, para a queda e a morte.

Outra belíssima manifestação da apreensão trágica do mundo é o seguinte poema, que não necessita de explicação:

Fuso

Tento acertar meu relógio
pelo seu, parado, há tanto
com o suor do pulso, seco
a pulseira de couro partida
que ainda guarda algum sal.
Pai, a certeza de sua hora
me falta, e mesmo tendo
andado, não consegui chegar

---

11. Id., "Deposição". In: _____. *Máquina de escrever*. Rio de Janeiro: Nova Fronteira, 2003, p. 588.

a tempo, de pegar seu passo
emparelhar-me — servir
de companhia para sempre —
e passar à descendência
os firmes compromissos
pois me perdi pelo caminho.[12]

Mas quero terminar estas considerações sobre a poesia de Armando com um exemplo paradoxal — e paradoxalmente magnífico — da apreensão trágica do mundo. Trata-se de um poema de *Números anônimos*, primeiro livro publicado depois que ele, com 51 anos, teve um filho. "Tenho uma filha de trinta anos e tive agora um menino que tem hoje dez anos. A chegada dele foi a melhor coisa que aconteceu em minha vida. Ser pai aos 51 anos, como eu fui, é algo que a gente recebe na boca",[13] declarou uma vez. O poema em questão, dedicado ao filho, manifesta essa alegria. Ei-lo:

Músculo, mas do coração.
A felicidade é indefensável
e esta casa está tão delicada
até nos pregos
construída e definitiva.
Pratos, copos, toda a louça
e o que é de vidro, vive
plenamente — brilha
sem medo do esplendor.[14]

---

12. Id., *Lar*. São Paulo: Companhia das Letras, 2009, p. 54.
13. Id., Entrevista ao Memorial da América Latina, op. cit.
14. Id., "Números anônimos". In: _____. *Máquina de escrever*. Rio de Janeiro: Nova Fronteira, 2003, p. 505.

Dada a felicidade "indefensável", isto é, que não pode ser defendida ou que não pode ser justificada, a "casa está tão delicada/ até nos pregos/ construída e definitiva". E o poema afirma que tudo "o que é de vidro" — tudo o que é frágil — "brilha/ sem medo do esplendor". Em suma, mesmo nesse momento de júbilo, não se ignora que tudo na casa — tudo o que é esplêndido e delicado nesta vida — é louça, é vidro, é frágil. Sabe-se disso, pois exatamente o que é esplêndido e delicado lembra essa verdade. No entanto, graças à mesma frágil alegria, é quase como se não se soubesse... Em suma, penso que esse poema, como grande parte da poesia de Armando Freitas Filho, distingue-se por ser uma esplêndida e delicada manifestação da apreensão trágica do mundo.

8. Sobre *Na vertigem do dia,* de Ferreira Gullar[1]

Na vertigem do dia parece-me ser o primeiro livro de Ferreira Gullar em que se realiza de modo integral e reflexivo a concepção de poesia, isto é, a poética, que, anunciada por *Dentro da noite veloz* e aprofundada pelo *Poema sujo*, hoje se manifesta e se desenvolve nos seus livros mais recentes.

Como se sabe, a poesia de Gullar passou por diferentes fases, cada uma das quais correspondente a uma concepção de poesia radicalmente diferente da outra. Assim, por exemplo, o poeta de *A luta corporal* tem aparentemente muito pouco a ver com o de *Romances de cordel.*

Em *A luta corporal* (escrito entre 1950 e 1953), Gullar considerava a poesia como — segundo a formulação dada por ele em entrevista recente — "a descoberta da realidade das coisas".[2]

---

1. Este ensaio foi originalmente publicado como "Apresentação". In: Ferreira Gullar, *Na vertigem do dia.* 3. ed. Rio de Janeiro: José Olympio, 2013.
2. Ferreira Gullar, "Na vertigem da poesia: Uma conversa com Ferreira Gullar". Entrevista a Martim Vasques da Cunha, Guilherme Mazoni Rabello e Renato

Parecia-lhe então que, quando "a linguagem fica velha [...] ela prejudica a juventude, o frescor do que está sendo descoberto".[3] Consequentemente, o que ele se pergunta, nesse momento, é "como fazer que a linguagem nasça com o poema, como fazer que o poema tenha o frescor de sua descoberta?".[4] Rejeitando, portanto, a linguagem tradicional, o poeta deveria produzir não apenas o poema, mas a *linguagem* dele. O resultado prático de semelhantes ideias aparece no último poema do livro que, ao contrário dos anteriores — alguns dos quais já se tornaram clássicos —, é praticamente ilegível. Gullar conta que, ao terminar de escrevê-lo, consciente de que ninguém iria entender o que ele havia feito, pensou para si próprio: "O meu caminho não pode ser isso, isso é o suicídio da poesia — e então parei de escrever".[5]

Já nos poemas de *Romances de cordel* (escritos entre 1962 e 1967), o que seu autor pretendia fazer não era em primeiro lugar arte, mas política revolucionária. Como também suas experiências concretistas e neoconcretistas lhe pareciam haver chegado a um beco sem saída, Gullar concluiu que a poesia, ao se tornar como seu próprio fim, acaba por se autodestruir. Tendo, ademais, aderido a teses marxistas, passou a usar os versos como meios de levar conscientização política ao povo. Longe de tentar inventar as linguagens dos poemas, ele optou então por trabalhar com um vocabulário popular, limitado e redundante, de modo a poder ser entendido pelo maior número possível de pessoas.

Pois bem, num movimento que teve início em *Dentro da*

José de Moraes. In: *Dicta & Contradicta*, n. 5, São Paulo, jun. 2010. Disponível em: <martimvasques. blogspot. com. br/2013/05/na-vertigem-da-poesia-uma--conversa-com. html>. Acesso em: 26 fev. 2017.

3. Ibid.
4. Ibid.
5. Ibid.

noite veloz (escrito entre 1962 e 1976), e que continuou no legendário *Poema sujo* (escrito em 1975), a poesia volta a valer sobretudo enquanto poesia, isto é, enquanto monumento que "transforma em presente o que seria passado".[6] Isso é plenamente realizado nos poemas do livro subsequente, *Na vertigem do dia* (escrito entre 1975 e 1980). Neles, Gullar usa tudo o que aprendeu — e não foi pouco — através das experiências radicais que empreendera nas fases anteriores. Estão aqui presentes tanto invenção quanto rigor, tanto experimentação quanto clareza, tanto um olhar para a contraditoriedade da vida real quanto um ouvido para o linguajar cotidiano: tudo admiravelmente transfigurado pela alquimia poética.

Uma vez que, como observou Antonio Carlos Secchin,[7] grande parte dos poemas de *Na vertigem do dia* reflete sobre a própria poesia, creio que um bom guia para o entendimento da poética que se manifesta neste livro seja comentar um desses poemas. Embora a obra-prima que é "Traduzir-se" seja admirável nesse sentido, penso que — como se trata de um dos poemas mais conhecidos de seu autor, de modo que o leitor provavelmente, por conta própria, deter-se-á um pouco mais nele — será talvez mais produtivo falar, por exemplo, de "O poço dos Medeiros". Ele diz:

> *Não quero a poesia, o capricho*
> *do poema: quero*
> *reaver a manhã que virou lixo*
> > *quero a voz*
> *a tua a minha*
> *aberta no ar como fruta na casa*

---

6. Ibid.

7. Antonio Carlos Secchin, "Gullar: obravida". In: Ferreira Gullar, *Poesia completa, teatro e prosa*. Rio de Janeiro: Nova Aguilar, 2008, p. xxiv.

fora da casa

> *a voz*

dizendo coisas banais
entre risos e ralhos
na vertigem do dia;

> *não a poesia*

o poema o discurso limpo
onde a morte não grita

> *A mentira*

não me alimenta:

> *alimentam-me*

as águas

> *ainda que sujas rasas*
> *afogadas*
> *do velho poço*
> *hoje entulhado*
> *onde outrora sorrimos*

Da primeira estrofe, "Não quero a poesia, o capricho/ do poema: quero/ reaver a manhã que virou lixo", apreende-se que não é o poema caprichado, polido como uma joia e distante do suor da vida, não é o poema abstraído da vida, o poema *abstrato*, que ele quer. O que o poeta pretende é restituir a vida *concreta* da própria "manhã que virou lixo". Para que não se perca a experiência de um fragmento da vida real e complexa — manhã e lixo — que espanta ou admira o poeta, ele lhe constrói um monumento verbal: o poema. Ora, a experiência do fragmento da vida real não é genuinamente restituída e afirmada pelo poema a menos que este, de algum modo, capture e transporte, da dimensão da convenção para a dimensão da poesia, não apenas a beleza, mas a contingência, a precariedade, a banalidade, a feiura, a morte mesma que fazem parte essencial dessa experiência. Por isso, o poema afirma, na segunda estrofe:

> quero a voz
> a tua a minha
> aberta no ar como fruta na casa
> fora da casa
> a voz
> dizendo coisas banais
> entre risos e ralhos
> na vertigem do dia;
> não a poesia
> o poema o discurso limpo
> onde a morte não grita

Sem a afirmação da vida concreta e contraditória, sem as "coisas banais" que se dizem e ouvem, sem os ralhos, além dos risos, sem o grito da morte, sempre presente na vida, compondo a *vertigem do dia*, o poema não seria mais que uma mentira. Ora,

> A mentira
> não me alimenta:
> alimentam-me
> as águas
> ainda que sujas rasas
> afogadas
> do velho poço
> hoje entulhado
> onde outrora sorrimos

"Mentira" aqui quer dizer aquilo que tenta *encobrir* os aspectos assombrosos da vida. É verdade que os poetas são também capazes de mentir para, ao contrário, melhor revelar a verdade da totalidade assombrosa da vida. Não são assim, por exemplo, as tragédias de Sófocles, Shakespeare, Racine, Goethe...? Mas não são essas as mentiras rejeitadas por Gullar, e sim aquelas que tentam bajular o leitor, fingindo, por exemplo, "que a vida é bela, e muito,/ e que a revolução caminha com pés de flor" — pretensões de que o poeta escarnece noutro poema do mesmo livro ("Digo sim").

O milagre da verdadeira poesia — que encontramos em tantos poemas de *Na vertigem do dia* — é ser capaz de constituir uma esplêndida celebração da vida, sem por um minuto, ao retratá-la, ignorar ou escamotear o que ela tem de triste, banal ou terrível. No poema "O poço dos Medeiros", triste parece ser a perda do sorriso de outrora, à beira "do velho poço/ hoje entulhado".

Contudo, o poema como um todo nada tem de depressivo. Os verdadeiros poemas jamais o são. O próprio fato de que tudo termine com essa lembrança "do velho poço/ hoje entulhado/ onde outrora sorrimos" dá outro sentido à lembrança da voz

> *a tua a minha*
> *aberta no ar como fruta na casca*
> *fora da casa*
> > *a voz*
> *dizendo coisas banais*
> *entre risos e ralhos*
> *na vertigem do dia*

Perceber tais coisas traz um sorriso também aos lábios do leitor de tais versos.

É assim que, depois de ler este livro, percebe-se que vários de seus versos — realizando o desejo que o poeta exprime no poema "Arte poética" — voltam, de vez em quando,

[...] em chamas
    ou em chaga
       vertiginosamente como o jasmim
que num lampejo só
ilumina a cidade inteira

9. Sobre o *Poema sujo*, de Ferreira Gullar[1]

Desde que foi escrito, o *Poema sujo* teve sua importância reconhecida por alguns dos maiores poetas e críticos brasileiros. Ficou famosa a declaração do poeta Vinicius de Moraes, segundo a qual "Ferreira Gullar [...] acaba de escrever um dos mais importantes poemas deste meio século, pelo menos nas línguas que eu conheço; e certamente o mais rico, generoso (e paralelamente rigoroso) e transbordante de vida de toda a literatura brasileira".[2]

E lembro que o crítico Otto Maria Carpeaux observou que "*Poema sujo* mereceria ser chamado 'Poema nacional', porque encarna todas as experiências, vitórias, derrotas e esperanças da vida do homem brasileiro. É o Brasil mesmo, em versos 'sujos' e, portanto, sinceros".[3]

---

1. Este ensaio foi originalmente publicado como "Prefácio". In: Ferreira Gullar, *Poema sujo*. São Paulo: Companhia das Letras, 2016.
2. Vinicius de Moraes, "Poema sujo de vida". In: Ferreira Gullar, *Poesia completa, teatro e prosa*. Rio de Janeiro: Nova Aguilar, 2008, p. XLII.
3. Otto Maria Carpeaux, "Poema sujo". In: Ferreira Gullar, *Poesia completa, tea-*

De todo modo, pode-se dizer que o *Poema sujo* se encontra no centro da extraordinária carreira literária de Ferreira Gullar. Antes da criação do *Poema sujo*, as fases que caracterizam essa carreira são radicalmente diferentes umas das outras. Ao escrever, quando adolescente, os poemas do seu primeiro livro, *Um pouco acima do chão*, publicado em 1949, o poeta, que ainda não havia tomado contato com o modernismo, conhecia apenas a poesia tradicional — "parnasiana", segundo ele mesmo. Por isso, os poemas que ele compunha eram, como os de seus modelos, rimados e metrificados com rigor. Consideremos essa como a primeira fase de sua carreira.

No mesmo ano de 1949, Gullar descobriu as obras — inicialmente chocantes para ele — de Carlos Drummond de Andrade, Murilo Mendes e outros modernistas. A descoberta acabou tendo imensa influência sobre sua concepção de poesia, e o primeiro resultado disso foi o admirável livro *A luta corporal*, publicado em 1954. "Nos meus vinte anos de idade", diz ele,

cheguei à conclusão de que a poesia que deveria fazer era o contrário daquela que eu fazia — que ela não deveria ter qualquer norma a priori. [...] Como era uma coisa nova, a linguagem se mostrava velha — ela prejudica a juventude, o frescor do que estava sendo descoberto. Como fazer que a linguagem nasça com o poema; como fazer com que o poema tenha o frescor de sua descoberta? — esta é a proposta de *A luta corporal*.[4]

---

tro e prosa. Rio de Janeiro: Nova Aguilar, 2008, p. LXI.

4. Ferreira Gullar, "Na vertigem da poesia — Uma conversa com Ferreira Gullar". In: *Dicta & Contradicta*. Entrevista a Martim Vasques da Cunha, Guilherme Malzoni Rabello e Renato José de Moraes. São Paulo, n. 5, 16 jun. 2010, p. 13. Disponível em: <martimvasques. blogspot. com. br/2013/05/na-vertigem- -da-poesia-uma-conversa-com. html>. Acesso em: fev. 2017.

Trata-se aqui do que consideramos a segunda fase — evidentemente, oposta à primeira — da carreira literária de Gullar. O livro contém vários poemas de altíssima qualidade. Tendo, porém, resolvido levar às últimas consequências a ideia de fazer a linguagem nascer com o poema, Gullar acabou por produzir um texto — "Roçzeiral", o último do livro — que é, em grande parte, simplesmente ilegível. E então, dizendo para si próprio que ninguém entenderia o que acabara de fazer e que esse "não pode ser o meu caminho, o meu caminho não pode ser isso, é o suicídio da poesia", ele conta que resolveu parar de escrever.[5]

Todavia, a publicação de *A luta corporal* chamou a atenção dos poetas paulistas Augusto de Campos, Haroldo de Campos e Décio Pignatari, que haviam criado o grupo e a revista vanguardista *Noigandres*. No mesmo ano, Augusto, tendo entrado em contato com Gullar, levou-o a participar do movimento da poesia concreta, cujo lançamento público se daria na Exposição Nacional de Arte Concreta, que ocorreu em São Paulo (dezembro de 1956) e no Rio (fevereiro de 1957). Ainda em 1957, os poetas concretos publicaram obras no Suplemento Dominical do *Jornal do Brasil*, caderno dirigido por Mário Faustino. Em julho daquele ano, porém, Gullar, por discordar das concepções — consideradas por ele excessivamente racionalistas — expostas no artigo "Da fenomenologia da composição à matemática da composição", de Haroldo de Campos, rompeu com o movimento concretista. De todo modo, em 1958, publicou um livro que reunia suas experiências poéticas nessa área.

No ano seguinte, Gullar escreveu o "Manifesto neoconcreto" e a "Teoria do não objeto", que exerceram grande influência sobre as artes plásticas. Ao mesmo tempo, continuou a desenvolver uma poesia espacial muito radical, que culminou, em 1960, no *Poema*

5. Ibid., p. 14.

enterrado. Tratava-se de um cubo enterrado no chão: descia-se por uma escada, entrando numa sala pequena, onde havia um cubo vermelho. Levantando esse cubo, aparecia um cubo verde. Levantando o cubo verde, surgia um branco. Levantando o branco, lia-se a palavra "Rejuvenesça". O efeito que essa obra extremamente original e sugestiva teve sobre o próprio poeta é por ele relatado da seguinte maneira:

> Eu achava que era uma coisa bonita, algo que me lembrava os túmulos egípcios, ressonâncias do inconsciente, como se eu estivesse descendo no Inconsciente. Agora, quando eu percebi que armara aquela coisa toda para abrigar uma palavra apenas, perguntei a mim mesmo: aonde é que eu vou chegar? Estou me tornando um artista plástico? E o poeta para onde vai? E comecei a me sentir mal dentro daquilo tudo.[6]

Em todo caso, podemos considerar os momentos do concretismo e do neoconcretismo como a terceira fase — não propriamente oposta à segunda, porém muito diferente dela — da carreira do poeta.

Em 1961, Gullar, nomeado presidente da Fundação Cultural do Distrito Federal, foi morar em Brasília. Lá, tomou conhecimento do marxismo e, de volta ao Rio, em 1962, engajou-se politicamente, entrando para o Centro Popular de Cultura. Começou então a escrever romances de cordel, o que, de certo modo, representou o abandono da poesia. Como ele mesmo diz:

> Eu nunca considerei aqueles romances de cordel como literatura, como poesia. Ao contrário, aquilo ali foi uma atitude de rejeição

6. Ferreira Gullar, Entrevista. In: *Poesia Sempre.* Rio de Janeiro: Fundação Biblioteca Nacional, n. 9, mar. 1998, p. 396.

da poesia num momento em que passei a julgar que a sociedade brasileira e, sobretudo, a literatura brasileira eram coisas desligadas do povo, e que seria necessário transformar o país. Eu não queria mais fazer literatura, e sim mobilizar minha capacidade de escrever, de usar o verso, para fazer a revolução.[7]

Embora, como acabamos de ver, o próprio Gullar não classifique os romances de cordel como poesia propriamente, podemos considerá-los como parte da sua carreira literária. Nesse caso, diremos tratar-se de uma fase — a quarta — oposta por inteiro a todas as anteriores.

Depois do golpe de 1964, Gullar desistiu de fazer de sua poesia mero instrumento de uma revolução que provavelmente nem sequer aconteceria. Assim, embora fosse forte a temática política do seu livro seguinte, *Dentro da noite veloz*, nele a poesia de grande qualidade volta a ser o principal, ao contrário do que ocorria nos romances de cordel. Consideremo-la como a quinta fase da carreira de Gullar.

Em seguida, chegamos ao *Poema sujo*. Por que esse nome? Segundo seu autor, "o poema era sujo como o povo brasileiro, como a vida do povo brasileiro".[8] Outra razão por ele invocada é que, "de acordo com a moral estabelecida, um poema que fala de boceta, de cancro, de todas as obscenidades, é sujo".[9]

Mas certamente a mais importante razão para chamá-lo de "sujo" é que ele, "estilisticamente, tem referências de todas as fases anteriores".[10] E Gullar explica que,

7. Ibid., p. 397.
8. Ibid., p. 387.
9. Ibid.
10. Ferreira Gullar, "Na vertigem da poesia — Uma conversa com Ferreira Gullar". In: *Dicta & Contradicta*, São Paulo, Instituto de Formação e Educação, n. 5, 16 jun. 2010, p. 26.

depois da fase política de minha poesia, comecei a elaborar uma linguagem poética que foi se tornando mais rigorosa, mais exigente e despojada, até o *Poema sujo*, onde, a rigor, faço explodir minha própria linguagem. Então, nesse sentido é que ele é sujo estilisticamente, porque mistura prosa, ritmo, rima — enfim, mistura tudo.[11]

De fato, encontram-se nesse poema elementos formais característicos das fases anteriores do seu autor. Por exemplo, certas sequências de versos seus são, como nos poemas da fase parnasiana, metrificadas e rimadas com perfeição. Assim, na segunda parte do poema, o merecidamente famoso trecho "para ser cantado com a música da *Bachiana n. 2, Tocata*, de Villa-Lobos", é todo composto em redondilhas e rimas alternadas:

lá vai o trem com o menino
lá vai a vida a rodar
lá vai ciranda e destino
cidade e noite a girar
lá vai o trem sem destino
pro dia novo encontrar[12]

Nessa mesma parte, encontramos trechos tão onomatopaicos — ou seja, mimológicos — que, de certo modo, criam a linguagem do poema, tal como Gullar ambicionou fazer na sua segunda fase, ao final de *A luta corporal*. Assim é, por exemplo,

IUÍ IUÍ IUÍ IUÍ IUÍ
Tuc tchuc tuc tchuc tuc tchuc

---

11. Id., Entrevista. In: *Poesia Sempre*. Rio de Janeiro: Fundação Biblioteca Nacional, n. 9, mar. 1998, p. 387.
12. Id., *Poema sujo*. São Paulo: Companhia das Letras, 2016, p. 46.

lará lará larará
lará lará larará
lará lará larará lará lará larará
lará lará lará
lará lará lará

IUÍ IUÍ IUÍ IUÍ IUÍ
iuí iuí iuí iuí iuí iuí iuí[13]

E há momentos do poema que lembram até mesmo a fase concretista do poeta, como o final dessa mesma segunda parte do livro, em trecho que combina onomatopeia, visualidade e a preocupação social que se manifestara nas duas fases seguintes à do concretismo. Este trecho reúne algo de lúdico, melancólico e tragicômico:

café com pão
          bolacha não
                    café com pão
                              bolacha não
     vale quem tem
               vale quem tem
                         vale quem tem
          vale quem tem
                    nada vale
          quem não tem
                    nada não vale
     nada vale
               quem nada
     tem

13. Ibid., p. 47.

neste vale

nada

vale

nada

vale

quem

não

tem

nada

no

v

a

l

e

TCHIBUM!!![14]

Gullar descreve nas seguintes palavras seu caminho, que acabamos de percorrer, até o *Poema sujo*:

A verdadeira poesia tem muitas faces. Quando deixei de fazer poesia metrificada, [...] caí no coloquial, que foi se reelaborando até virar uma linguagem complexa, abstrata, que conduziu à desintegração. Entretanto, com os poemas de cordel, voltei à linguagem banal, mas evidentemente politizada. No *Poema sujo*, a linguagem que vai aparecer resulta de todas essas experiências. Defendo, então, a tese de que não existe poesia pura. A poesia verdadeira não é sectária, não é unilateral.[15]

14. Ibid., p. 50.
15. Id., "A trégua". *Cadernos de Literatura Brasileira*. São Paulo: Instituto Moreira Salles, n. 6, set. 1998, p. 49.

Embora nessa descrição, feita oralmente, Gullar tenha omitido a fase de *Dentro da noite veloz*, ele a havia mencionado pouco antes, dizendo, logo após falar de seus primeiros poemas engajados, que, "mais tarde, minha poesia engajada mudou. Um poema como *Dentro da noite veloz*, por exemplo, é ambíguo".

Na verdade, uma das características mais interessantes do percurso poético de Gullar é o fato de que, de certo modo, ele pessoalmente — microcosmicamente — percorreu o caminho das vanguardas do século XX.

Pode-se, em suma, descrever o caminho das vanguardas da seguinte maneira: antes da atuação das mesmas, as formas poéticas mais tradicionais em uso nas línguas modernas haviam sido fetichizadas. Supunha-se que o uso de métrica, de rima ou o emprego de alguma das diversas formas fixas então catalogadas (tais como o soneto, a balada e a sextina) fosse necessário para a produção de um bom poema. Desse modo, naturalizavam-se as formas tradicionais.

Ora, ao produzir autênticos poemas sem o emprego dessas formas, as vanguardas mostraram, em primeiro lugar, o caráter convencional de tais formas; em segundo, mostraram que a poesia e o poético não se encontram prêt-à-porter, à disposição do poeta, nestas ou naquelas formas fixas; em terceiro, mostraram que a poesia não é necessariamente incompatível com nenhuma forma determinada — é possível inventar novas formas para ela.

Assim, ao desfetichizar as formas poéticas tradicionais, as vanguardas abriram novas possibilidades para todos os poetas. E, ao contrário do que os vanguardistas frequentemente supunham, fizeram isso sem destruir nenhuma das formas tradicionais. A vanguarda costumava empregar uma forte retórica sobre a "morte", a "destruição", o "fim" das formas poéticas tradicionais. Na verdade, nenhuma dessas formas desapareceu. O que houve foi que ficou claro que elas não eram as únicas possíveis. O grande feito vanguardista não foi a eliminação das formas tradicionais, mas a abertura ilimitada de novas possibilidades experimentais. Também o Gullar vanguardista pensava ter destruído aquilo que ele rejeitava: "Eu destruí o discurso em *A luta corporal*, aí a tentativa de se fazer um poema sem o discurso, ou seja, os poemas concretos que eu fiz. Daí eu vou para os poemas espaciais, poemas que são objetos, que não têm mais nada a ver com livro".[16] Hoje, depois de toda essa experiência, Gullar sabe que o poema surge de um processo "no qual não existe mais nenhum a priori". E explica:

> É claro que cada poeta gosta mais de certas formas do que de outras, possui um universo particular de palavras, um vocabulário, e é dentro desse universo que ele cria, mas tem absoluta liberdade para usar qualquer forma, da mais irreverente e inesperada à mais clássica e formal. Acho que essa liberdade é uma conquista da arte atual, embora o radicalismo da vanguarda tenha desejado impor-nos uma imagem limitada da liberdade, que acaba sendo empobrecedora.[17]

Pois bem, quase quarenta anos *antes* de que a "absoluta liberdade" do poeta fosse tão bem compreendida e expressa por ele na declaração que acabo de citar, ela foi magnificamente exercida na composição do *Poema sujo*. O mesmo vale para tudo o que vem depois dele. É nesse sentido que considero o *Poema sujo* como o ponto central da extraordinária carreira de Gullar. De fato,

---

16. Id., "Entrevista". In: Maria do Socorro Pereira de Assis, *Poema sujo de vidas: Alarido de vozes*. Porto Alegre: Pontifícia Universidade Católica do Rio Grande do Sul, 2011, p. 262. Tese (Doutorado em Literatura Brasileira).
17. Ariel Jiménez, *Ferreira Gullar conversa com Ariel Jiménez*. Trad. de Vera Pereira. São Paulo: Cosac Naify, 2013, p. 235.

o *Poema sujo* lida com toda a experiência de vida e de poesia que o poeta havia acumulado até então.

"Ao inventar de escrever o *Poema sujo*", diz o poeta, "queria, antes, vomitar toda a vida vivida, criando assim um magma de onde extrairia o poema."[18] A palavra "vomitar", como diz o grande crítico português Eduardo Prado Coelho, é essencial, pois se trata de evitar toda hipótese de poesia como sublimação.[19] Contudo, segundo Gullar, o vômito não saiu, de modo que começou o poema "dizendo coisas sem sentido". Na verdade, essas "coisas sem sentido" do célebre início do poema são estranhamente comoventes, enigmaticamente sugestivas e, ao final, ludicamente chocantes:

> *turvo turvo*
> *a turva*
> *mão do sopro*
> *contra o muro*
> *escuro*
> *menos menos*
> *menos que escuro*
> *menos que mole e duro menos que fosso e muro: menos que furo*
> *escuro*
> *mais que escuro:*
> *claro*
> *como água? como pluma? claro mais que claro claro: coisa alguma*
> *e tudo*
> *(ou quase)*

18. Ferreira Gullar, "Do acaso à necessidade". *Folha de S.Paulo*, São Paulo, 30 out. 2011. Ilustrada, p. E10.
19. Eduardo Prado Coelho, "A turva mão do sopro contra o muro". In: Ferreira Gullar, *Toda poesia*. Rio de Janeiro: José Olympio, 2015, p. LXVII.

um bicho que o universo fabrica e vem sonhando desde as entranhas
azul
era o gato
azul
era o galo
azul
o cavalo
azul
teu cu[20]

Sim, no *Poema sujo* Gullar já exerce — sem dúvida a partir de toda a sua experiência de poeta e impelido pela intuição, pela emoção e pela paixão pela poesia — a liberdade que ele não conceituaria de modo lapidar senão quase quarenta anos depois. Gullar dizia: "Quando me perguntam o que o *Poema sujo* significa, por exemplo, respondo que deviam lê-lo, porque o poema não significa nada além do que nele está contido".[21] Tem toda razão. Acrescento apenas que o *Poema sujo*, sem jamais deixar de reconhecer o absurdo esmagador da vida, constitui-lhe uma magnífica celebração.

20. Ferreira Gullar, *Poema sujo*. São Paulo: Companhia das Letras, 2016, pp. 31-2.
21. Ariel Jiménez, op. cit., p. 94.

10. Sobre "A flor e a náusea", de Drummond[1]

Leiamos o poema:

A flor e a náusea

Preso à minha classe e a algumas roupas,
Vou de branco pela rua cinzenta.
Melancolias, mercadorias espreitam-me.
Devo seguir até o enjoo?
Posso, sem armas, revoltar-me?

Olhos sujos no relógio da torre:
Não, o tempo não chegou de completa justiça.
O tempo é ainda de fezes, maus poemas, alucinações e espera.
O tempo pobre, o poeta pobre
fundem-se no mesmo impasse.

---

1. Originalmente, este ensaio foi uma conferência pronunciada na abertura da Festa Literária Internacional de Paraty (FLIP), em 2012.

Em vão me tento explicar, os muros são surdos.
Sob a pele das palavras há cifras e códigos.
O sol consola os doentes e não os renova.
As coisas. Que tristes são as coisas, consideradas sem ênfase.

Vomitar esse tédio sobre a cidade.
Quarenta anos e nenhum problema
resolvido, sequer colocado.
Nenhuma carta escrita nem recebida.
Todos os homens voltam para casa.
Estão menos livres mas levam jornais
e soletram o mundo, sabendo que o perdem.

Crimes da terra, como perdoá-los?
Tomei parte em muitos, outros escondi.
Alguns achei belos, foram publicados.
Crimes suaves, que ajudam a viver.
Ração diária de erro, distribuída em casa.
Os ferozes padeiros do mal.
Os ferozes leiteiros do mal.

Pôr fogo em tudo, inclusive em mim.
Ao menino de 1918 chamavam anarquista.
Porém meu ódio é o melhor de mim.
Com ele me salvo
e dou a poucos uma esperança mínima.

Uma flor nasceu na rua!
Passem de longe, bondes, ônibus, rio de aço do tráfego.
Uma flor ainda desbotada
ilude a polícia, rompe o asfalto.
Façam completo silêncio, paralisem os negócios,
garanto que uma flor nasceu.

Sua cor não se percebe.

Suas pétalas não se abrem.

Seu nome não está nos livros.

É feia. Mas é realmente uma flor.

Sento-me no chão da capital do país às cinco horas da tarde

e lentamente passo a mão nessa forma insegura.

Do lado das montanhas, nuvens maciças avolumam-se.

Pequenos pontos brancos movem-se no mar, galinhas em pânico.

É feia. Mas é uma flor. Furou o asfalto, o tédio, o nojo e o ódio.[2]

O livro a que "A flor e a náusea" originalmente pertence, *A rosa do povo*, é do ano em que terminou a Segunda Grande Guerra: 1945. O título do poema ecoa o famoso romance de Jean-Paul Sartre, *La nausée* [*A náusea*], publicado em 1938, que se apresenta como o diário de um historiador chamado Roquentin. "A náusea", diz Roquentin em determinado ponto do seu diário, "não está dentro de mim; eu a sinto *lá fora*, na parede, nos suspensórios, em toda parte à minha volta. Ela e o bar são uma coisa só, sou eu que estou dentro dela".[3] Também a náusea de "A flor e a náusea" se encontra tanto na primeira pessoa quanto na cidade. Ela se manifesta através de uma personificação das coisas materiais e sociais que tem como contrapartida a coisificação ou reificação do ser humano.

Na verdade, nem sempre, em Drummond, a fusão ou identificação do sujeito com a cidade se dá como náusea. No poema "Coração numeroso", que se encontra no livro *Alguma poesia*, ela se apresenta como uma jubilosa experiência de superação da so-

---

2. Carlos Drummond de Andrade, "A rosa do povo". In: _____. *Poesia (1930-62)*. Org. de Júlio Castañon Guimarães. São Paulo: Cosac Naify, 2012, p. 310.

3. Jean-Paul Sartre, *La Nausée*. Paris: Gallimard, 1938, p. 35.

lidão que aflige o sujeito anônimo na grande cidade. Na primeira parte do poema, o sujeito, sem conseguir realizar os sonhos em busca dos quais havia imigrado para a cidade grande, tenta inutilmente confundir-se com a multidão numa das galerias do centro e, incapaz de fazê-lo, anônimo e nostálgico do interior, chega a flertar com o suicídio. Cito:

Foi no Rio.
Eu passava na Avenida quase meia-noite.
Bicos de seio batiam nos bicos de luz estrelas inumeráveis.
Havia a promessa do mar
E bondes tilintavam,
Abafando o calor
Que soprava no vento
E o vento vinha de Minas.

Meus paralíticos sonhos desgosto de viver
(a vida para mim é vontade de morrer)
faziam de mim homem-realejo imperturbavelmente
na Galeria Cruzeiro quente quente
e como não conhecia ninguém a não ser o doce vento mineiro,
nenhuma vontade de beber, eu disse: Acabemos com isso.

Logo depois disso, porém, através de uma apreensão inicialmente estética da cidade, o sujeito do poema acaba por se identificar inteiramente com ela:

Mas tremia na cidade uma fascinação casas compridas
autos abertos correndo caminho do mar
voluptuosidade errante do calor
mil presentes da vida aos homens indiferentes,
que meu coração bateu forte, meus olhos inúteis choraram.

O mar batia em meu peito, já não batia no cais.
A rua acabou, quede as árvores? a cidade sou eu
a cidade sou eu
sou eu a cidade
meu amor.[4]

A fusão é magnificamente expressa pelos versos finais, em particular com a passagem de "a cidade sou eu/ a cidade sou eu" para "sou eu a cidade/ meu amor", em que o deslocamento do "sou eu" para o início, tornando-o a sílaba acentuada de um iambo, faz com que ele soe triunfal, justamente ao afirmar sua identificação com a cidade.

Em "A flor e a náusea", o sujeito se espelha na cidade e a cidade no sujeito desde o início do poema. O sentido desse espelhamento, porém, nada tem de jubiloso. Longe de representar a superação da solidão, o espelhamento a duplica e torna nauseabunda.

Mil, novecentos e quarenta e cinco foi um ano em que Drummond se aproximou muito do Partido Comunista e do marxismo. Releiamos a primeira estrofe do poema:

Preso à minha classe e a algumas roupas,
vou de branco pela rua cinzenta.
Melancolias, mercadorias espreitam-me.
Devo seguir até o enjoo?
Posso, sem armas, revoltar-me?

Há aqui uma evidente referência à tese, exposta na quarta seção do primeiro capítulo de *O capital*, de Marx, sobre o fetichismo da mercadoria, no mundo capitalista. A palavra francesa "fétiche"

---

4. Carlos Drummond de Andrade, "Alguma poesia". In: _____. *Poesia* (1930-62). Org. de Júlio Castañon Guimarães. São Paulo: Cosac Naify, 2012, p. 110.

deriva da portuguesa "feitiço". O enfeitiçamento da mercadoria, na sociedade capitalista, consiste em fazer as pessoas parecerem se comportar como coisas, e as coisas — as mercadorias — como pessoas. Marx dizia que as relações sociais dos próprios seres humanos assumem a forma fantasmagórica de relações entre coisas.

Não é preciso ser marxista ortodoxo hoje para se reconhecer que hoje é mais claro do que nunca que, de fato, os seres humanos parecem se comportar como coisas e as coisas, como seres humanos. Seja no trabalho, seja no lazer, quase todo o mundo interage quase todo o tempo com aparelhos como celulares, smartphones, tablets, laptops etc. Cada vez mais essas coisas se comportam como seres humanos e os seres humanos, como essas coisas.

Mas voltemos à "Flor e a náusea". Vestido de branco, o sujeito do poema mal se destaca da rua cinzenta, enquanto é espreitado, isto é, observado e tocaiado por melancolias e mercadorias. Ou seja, o ser humano funciona, nessa situação, como coisa, objeto ou vítima, enquanto as melancolias e mercadorias funcionam como as pessoas ou os sujeitos que o vitimam. O fato de que o ser humano esteja preso igualmente à sua classe (que é uma abstração) e às suas roupas (coisas concretas) reforça essa confusão. O feitiço aqui está também em transformar o abstrato em concreto, e o concreto em abstrato. Mais ainda o faz a justaposição das palavras parônimas "melancolias" e "mercadorias". A primeira, sendo um estado de espírito, coisifica-se ao ser posta no plural, principalmente estando ao lado de "mercadorias". A segunda, ao contrário, significando realidades materiais e sociais, personifica-se, ao lado de "melancolias". A relação paronomástica dessas palavras acentua ainda mais a inversão/confusão fetichista.

A segunda estrofe apresenta o tempo presente como injusto:

Olhos sujos no relógio da torre:
Não, o tempo não chegou de completa justiça

O tempo é ainda de fezes, maus poemas, alucinações e espera.
O tempo pobre, o poeta pobre
fundem-se no mesmo impasse.

Aqui o sujeito do enunciado e o relógio — o poeta pobre e o tempo pobre — se confundem. São os olhos do sujeito e os olhos do relógio que estão sujos com a poeira, a pobreza e os vícios do tempo, de modo que nada de novo conseguem ver ou anunciar. Contra os olhos sujos e velhos, Drummond, no prefácio ao livro *Confissões de Minas*, escrito em 1943, recomendava aos novos poetas que reformassem "a própria capacidade de admirar e imitar" e os incitava a inventar "olhos novos ou novas maneiras de olhar": o que, naturalmente, lembra a famosa exortação do poeta Pedro Kilkerry: "Olhos novos para o novo!". Observe-se que, entre as fezes, alucinações e espera que caracterizam esse tempo, encontram-se também *maus poemas*.

A terceira estrofe fala da impossibilidade da comunicação. Os seres humanos — que se tornaram coisas — são surdos como muros.

Em vão me tento explicar, os muros são surdos.
Sob a pele das palavras há cifras e códigos.
O sol consola os doentes e não os renova.
As coisas. Que tristes são as coisas consideradas sem ênfase.

Sob a pele das palavras há cifras e códigos porque tudo o que se diz e pensa, em tal mundo, é considerado do ponto de vista de sua utilidade, de sua instrumentalidade, de seu rendimento, de seu valor de *troca*. Nenhuma coisa ou palavra vale por si. Por isso, elas são consideradas sem ênfase, com apenas um triste tédio. É como se os seres humanos, nauseados, presos, incapazes de seguir um caminho ou de, sem armas, revoltar-se, surdos e com os olhos sujos, estivessem doentes. O próprio sol apenas consoLa (palavra que contém a palavra "sol") esses doentes, mas não os renova. A quarta estrofe diz:

Vomitar esse tédio sobre a cidade.
Quarenta anos e nenhum problema
resolvido, sequer colocado.
Nenhuma carta escrita nem recebida.
Todos os homens voltam para casa.
Estão menos livres, mas levam jornais
e soletram o mundo, sabendo que o perdem.

Também o tédio se confunde com a cidade. Observe-se ainda o exemplar enjambement entre o segundo e o terceiro verso dessa estrofe, isto é, o fato de que o sentido do segundo verso somente se completa no terceiro. Assim, enquanto o segundo verso ("Quarenta anos e nenhum problema") diz algo que parece motivo de contentamento, o segundo ("Resolvido, sequer colocado") faz-nos cair na realidade, transfigurando o sentido do primeiro verso para uma espécie de sonho ou desejo não realizado.

O verso "Nenhuma carta escrita nem recebida" indica solidão. Lembro a famosa observação de Elias Canetti de que "ninguém é mais solitário do que uma pessoa que jamais recebeu uma carta". Trata-se aqui, evidentemente, de carta, isto é, de algo que tem ao mesmo tempo um caráter pessoal e literário, de algo a que se dedica tempo e reflexão, e que, em seguida, se leva ao correio, e não de e-mail, que é algo extremamente útil, mas diferente: mais ou menos entre o telegrama e o telefonema.

A quinta estrofe é:

Crimes da terra, como perdoá-los?
Tomei parte em muitos, outros escondi.

Alguns achei belos, foram publicados.
Crimes suaves, que ajudam a viver.
Ração diária de erro, distribuída em casa.
Os ferozes padeiros do mal.
Os ferozes leiteiros do mal.

Aqui, o poeta parece chamar de *crimes* também alguns poemas seus: "Alguns achei belos, foram publicados". Não há como não lembrar da famosa declaração do filósofo Theodor Adorno de que escrever um poema depois de Auschwitz seria uma barbaridade. Mas a afirmação de Adorno é posterior à "Flor e a náusea", pois data de 1949. Por outro lado, Drummond deve ter conhecido o famosíssimo poema "An die Nachgeborenen" ["Aos que vão nascer"], escrito por Bertold Brecht, na década de 1930 — logo, antes de Auschwitz —, e que começa com os seguintes versos:

I
É verdade, eu vivo em tempos negros.
Palavra inocente é tolice. Uma testa sem rugas
Indica insensibilidade. Aquele que ri
Apenas não recebeu ainda
A terrível notícia.

Que tempos são esses, em que
Falar de árvores é quase um crime
Pois implica silenciar sobre tantas barbaridades?
Aquele que atravessa a rua tranquilo
Não está mais ao alcance de seus amigos
Necessitados?[5]

5. Bertold Brecht, *Poemas (1913-1956)*. Trad. de Paulo César de Souza. São Paulo: Editora 34, 2001, p. 212.

Se amenidades como conversas sobre árvores são quase crimes, que dizer de poemas? Contudo, a verdade é que não é necessário que Drummond tenha conhecido o poema de Brecht, antes de escrever o seu, pois, em *Alguma poesia* — livro, como já foi dito, de 1930 —, o poema "O sobrevivente", bastante atual, diz:

Impossível compor um poema a essa altura da evolução da
[humanidade.
Impossível escrever um poema — uma linha que seja — de
[verdadeira poesia.
O último trovador morreu em 1914.[6]

Em suma, parece que já estava no ar, bem antes do comentário de Adorno, a ideia de que, depois dessas e daquelas atrocidades, era um absurdo escrever poesia.

Na sexta estrofe de "A flor e a náusea", lê-se:

Pôr fogo em tudo, inclusive em mim.
Ao menino de 1918 chamavam anarquista.
Porém meu ódio é o melhor de mim.
Com ele me salvo
e dou a poucos uma esperança mínima.

Entende-se: no mundo em que as coisas são consideradas sem ênfase e, por isso, tristes, ao menos o ódio é enfático e promete levar à ação pela transformação desse estado de coisas.

Mas a verdadeira ênfase vem depois, na sétima estrofe, e não é provocada nem pelas barbaridades, nem pelo ódio a elas, mas por menos ("menos"?) que uma árvore: por uma flor:

6. Carlos Drummond de Andrade, "Alguma poesia". In: _____, op. cit , p. 119.

Uma flor nasceu na rua!
Passem de longe, bondes, ônibus, rio de aço do tráfego.
Uma flor ainda desbotada
ilude a polícia, rompe o asfalto.
Façam completo silêncio, paralisem os negócios,
garanto que uma flor nasceu.

A flor aqui não pode ser metáfora para a revolução que traria a completa justiça, pois essa não deu sinal de vida no Brasil. E não pode ser nenhum acontecimento social uma flor cuja existência é tão pouco evidente que o poeta precisa garantir que ela nasceu. De que se trata?

A oitava estrofe diz:

Sua cor não se percebe.
Suas pétalas não se abrem.
Seu nome não está nos livros.
É feia. Mas é realmente uma flor.

"Seu nome não está nos livros." Não há então, sob o seu nome, cifras ou códigos. Trata-se de algo ainda não codificado. O poeta não a acha bela, como achava belos os poemas que publicava, mas feia.

A nona e última estrofe conclui:

Sento-me no chão da capital do país às cinco horas da tarde
e lentamente passo a mão nessa forma insegura.
Do lado das montanhas, nuvens maciças avolumam-se.
Pequenos pontos brancos movem-se no mar, galinhas em pânico.
É feia. Mas é uma flor. Furou o asfalto, o tédio, o nojo e o ódio.

140

A impressão que se tem é de que ocorreu algo de extraordinário em consequência do nascimento dessa flor. O poeta se senta "no chão da capital do país às cinco horas da tarde", isto é, em plena hora de expediente. Ele observa que "do lado das montanhas, nuvens maciças avolumam-se". Ora, ocorre que a capital do país, nessa época, era o Rio de Janeiro. O avolumar-se de nuvens maciças do lado do Corcovado, da Pedra da Gávea ou de outras montanhas é um fenômeno normalíssimo. Além disso, nada há de mais comum do que se verem pontos brancos no mar, especialmente quando venta.

A imagem de "galinhas em pânico" seria um tanto enigmática numa rua do Rio de Janeiro, a menos que se trate de um aposto a "pontos brancos movem-se no mar", isto é, a menos que os pontos brancos a se mover no mar tenham trazido à cabeça do poeta a imagem de galinhas em pânico. Com efeito, a edição crítica da obra de Drummond preparada por Júlio Castañon Guimarães confirma essa hipótese, ao mostrar que, em certo manuscrito, Drummond escreveu o verso em questão do seguinte modo: "Pequenos pontos brancos movem-se no mar *como* galinhas em pânico". Em todo caso, parece-me importante lembrar que as galinhas, de maneira geral, são animais que parecem entrar em pânico por praticamente qualquer coisa. Com efeito, nos países nórdicos e na Inglaterra, por exemplo, o pânico das galinhas tornou-se proverbial para qualquer pânico histérico e sem fundamento.

Tudo somado, essa última estrofe não descreve absolutamente nada de extraordinário. O que mudou foi que os acontecimentos mais corriqueiros — as nuvens maciças do lado das montanhas e os pequenos pontos brancos a se mover no mar — já não estão sendo considerados sem ênfase, como antes. Eles estão, ao contrário, sendo percebidos propriamente em sua emergência, dotados da estranheza de coisas que nunca antes hajam sido vistas. Em outras palavras, eles estão finalmente sendo vistos por novos olhos ou novas maneiras de olhar. Por esse ângulo, mesmo o pânico das galinhas parece um acontecimento extraordinário. Assim também, o poeta não diz sentar-se na rua cinzenta em que caminhava, mas "no chão da capital do país".

Ora, uma das ambições da poesia é exatamente desautomatizar a linguagem, a percepção do mundo e o pensamento, de modo a nos permitir apreender linguagem, mundo e pensamento como se fosse pela primeira vez.[7] Não se trata de um consolo, mas do transporte para outra dimensão do tempo, para outra dimensão da existência, inteiramente distinta daquela que é regida pelo princípio do desempenho, da utilidade, da instrumentalidade, do valor de troca, do relógio da torre, das cifras, dos códigos, do tédio.

Sendo assim, a flor que nasceu na rua é metáfora, não para um acontecimento social, mas para a poesia. Foi um poema — foi sem dúvida esse mesmo poema — que nasceu na rua. Certamente não se trata de mais um dos "maus poemas", isto é, não se trata de mais um dos "crimes suaves" que o poeta julgou belos e cometeu no passado. Trata-se agora da emergência e estranheza de um poema de verdade. Por isso, não correspondendo ao gosto estabelecido, ele é, logo que surge, considerado feio. E ele fura o asfalto do próprio pensamento; e fura a rua, o tédio, o nojo, a náusea e mesmo o ódio que, antes do acontecimento do poema, era o que o poeta dizia ter de melhor.

Aqui devemos lembrar o poema "O sobrevivente", aquele que começa com o verso "Impossível compor um poema a essa altura da evolução da humanidade" e termina com: "Desconfio que escrevi um poema".

Creio que, a partir dessas considerações, podemos entender por que, na *Antologia poética* que ele mesmo organizou, Drum-

---

7. Ver, sobre isso: Victor Schklovskii, "L'arte come procedimento". In: Tzvetan Todorov (Org.), *I formalisti russi*. Torino: Einaudi, 1968.

mond não incluiu o poema "A flor e a náusea" na seção dedicada ao tema do choque social, intitulada "Na praça dos convites", mas sim na seção dedicada ao tema do indivíduo, intitulada "Um eu todo retorcido". É que seu verdadeiro assunto não é o choque ou conflito social, mas a experiência da maravilha do surgimento da poesia num mundo inteiramente inóspito.

11. Fernando Pessoa: poesia e razão[1]

Para Inês Pedrosa

Fernando Pessoa é não apenas um dos maiores poetas modernos, mas um dos maiores poetas da modernidade, ou seja, um dos poetas que mais intensamente experimentaram e mais longe levaram a experiência tanto das possibilidades quanto do desencanto do mundo moderno. Não que ele esteja próximo das modas ou veleidades contemporâneas ou das ideias deste ou daquele teórico em voga, nem que tenha antecipado as teses deste ou daquele *maître à penser*. A modernidade a que me refiro não se confunde com a mera contemporaneidade.[2] Deixemos de lado nosso provincianismo temporal. A modernidade consiste em primeiro lugar na época da desprovincianização do mundo: aquela que, do ponto de vista temporal, abre-se com o humanismo que, voltando os olhos para o mundo clássico, relativiza o mundo contemporâ-

---

1. Este ensaio foi originalmente publicado em: *Pessoa: Revista de Ideias*. Lisboa, dez. 2010.
2. Cf. "O agoral". In: Antonio Cicero, *O mundo desde o fim*. Rio de Janeiro: Francisco Alves, 1995.

neo; e que, do ponto de vista espacial, abre-se com as descobertas geográficas, celebradas, como se sabe, pelo próprio poeta de *Mensagem*, quando diz, por exemplo, no altíssimo poema "O infante", inspirado em d. Henrique, o Navegador:

Deus quer, o homem sonha, a obra nasce.
Deus quis que a terra fosse toda uma,
Que o mar unisse, já não separasse.
Sagrou-te, e foste desvendando a espuma,

E a orla branca foi de ilha em continente,
Clareou, correndo, até o fim do mundo,
E viu-se a terra inteira, de repente,
Surgir, redonda, do azul profundo.[3]

Cometendo um sacrilégio, interrompo o poema para exclamar: que imagem essa! "A terra inteira, de repente,/ Surgir, redonda, do azul profundo": do azul profundo do mar, como o sol ou a lua surgem às vezes do mar. Mas o sol ou a lua surgem do mar para os nossos olhos. A terra surge redonda do mar para a nossa inteligência, porque as navegações a revelam efetivamente redonda. E os sentidos e a inteligência se confundem nessa imagem. Mas continuo:

Quem te sagrou criou-te português.
Do mar e nós em ti nos deu sinal.
Cumpriu-se o Mar, e o Império se desfez.
Senhor, falta cumprir-se Portugal![4]

3. Fernando Pessoa, "Mensagem". In: _____. *Obra poética*. Org. de M. A. Galhoz. Rio de Janeiro: Nova Aguilar, 1986a, p. 88.
4. Ibid.

Essa descoberta da terra inteira relativiza a Europa. O processo de desprovincianização ou de cosmopolitização que produziu o mundo moderno não se restringiu às descobertas dos humanistas e dos navegadores, pois também incluiu explorações científicas, artísticas, técnicas etc. Ora, a abertura de novos horizontes tornou também possível a compreensão do caráter limitado dos antigos horizontes. As ideias e as crenças tradicionais puderam ser postas em questão, quando não simplesmente desmentidas. Os valores, as formas e os procedimentos tradicionais puderam ser relativizados, quando não simplesmente abandonados.

Uma antiga tradição diz que o nome "Lisboa" vem de "Ulisses": *Ulixes, Ulixbona, Lissabona, Lisboa*. Em alemão, ainda se diz *Lissabon* para "Lisboa". O fato é que o poema "Ulisses", do já citado *Mensagem*, celebra essa tradição:

O mito é o nada que é tudo.
O mesmo sol que abre os céus
É um mito brilhante e mudo —
O corpo morto de Deus,
Vivo e desnudo.

Este, que aqui aportou,
Foi por não ser existindo.
Sem existir nos bastou.
Por não ter vindo foi vindo
E nos criou.

Assim a lenda se escorre
A entrar na realidade,
E a fecundá-la decorre.

Em baixo, a vida, metade
De nada, morre.[5]

Não é por acaso que Pessoa retoma o mito de Ulisses e sua lendária fundação de Lisboa. Seu Portugal representa o mais alto destino não tanto da Grécia, da Europa ou do Ocidente em particular, mas, no fundo, de todos esses e mais, isto é, o destino do mundo moderno. "A arte portuguesa", diz ele em "Ultimatum e páginas de sociologia política", "será aquela em que a Europa (entendendo por Europa principalmente a Grécia antiga e o universo inteiro) se mire e se reconheça sem lembrar do espelho". Ulisses remete ao passado mítico, e este se projeta para o futuro. E Ulisses remete também à modernidade, pois ele pode ser — e tem sido — considerado o primeiro personagem mítico moderno.

"Fala-me, Musa, do homem versátil",[6] diz-se, no primeiro verso da *Odisseia*. "Versátil" aqui é o homem que se vira de muitos modos, o homem hábil, inventivo, criativo. Tais qualidades eram, em geral, desprezadas pela nobreza pré-moderna. O nobre era o que era, era o que tinha nascido, identificava-se com sua casta e desprezava a possibilidade de vir a ser outro, ou de "se virar". É por isso que, por exemplo, o poeta dos aristocratas, Píndaro, falava derrisoriamente de Ulisses, comparando-o desfavoravelmente a Ajax.[7]

Segundo os primeiros versos do poema de Homero, Ulisses conhecera inúmeras cidades e crenças humanas. Na *Divina comédia*, Dante, quando apenas se anuncia a madrugada do mundo

---

5. Ibid, p. 72.
6. ὦνδραμοι ἔννεπε, Μοῦσα, πολύτροπον.
7. Píndaro, *The Odes of Pindar*. Cambridge: Harvard University Press, 1978. Odes Nemeias VII, vv. 24-30 e VIII, vv. 26-8.

moderno, faz Ulisses, no inferno, lembrar que, depois de ter regressado a Ítaca e a Penélope,

Nem a doçura do filho nem a piedade
Do velho pai, nem o devido amor
Que faria Penélope feliz

Pôde domar em mim o ardor
Que tive de conhecer o mundo
E os vícios humanos e valores;

E me lancei pelo alto mar aberto.[8]

Já se encontra aí uma antecipação do éthos faustiano do homem moderno. É isso, junto à sua politropia, que faz Ulisses personagem de tantos escritores e poetas modernos, desde Shakespeare até nossos dias, passando, entre outros, por James Joyce e, entre nós, Haroldo de Campos, no seu *Finismundo*.

E é esse éthos moderno que se revela no livro *Mensagem*. Ele se encontra, por exemplo, em "O Quinto Império", do qual cito apenas as três primeiras estrofes:

Triste de quem vive em casa,
Contente com o seu lar,
Sem que um sonho, no erguer de asa,
Faça até mais rubra a brasa
Da lareira a abandonar!

---

8. "*Né dolcezza di figlio, né la pieta/ del vecchio padre, né 'l debito amore/ lo qual dovea Penelopè far lieta, // vincer potero dentro a me l'ardore/ ch'i' ebbi a divenir del mondo esperto/ e di li vizi umani e del valore;// ma misi me per l'alto mare aperto*" (Dante Alighieri, "Inferno". In: _____, *La divina commedia: Tutte le opere*. Milão: Mursia, 1965, canto XXVI, vv. 94-100).

Triste de quem é feliz!
Vive porque a vida dura.
Nada na alma lhe diz
Mais que a lição da raiz —
Ter por vida a sepultura.

Eras sobre eras se somem
No tempo que em eras vem.
Ser descontente é ser homem.
Que as forças cegas se domem
Pela visão que a alma tem![9]

Não é esse o sentimento descrito pelo Ulisses de Dante? É o que se manifesta também em "Mar português":

Ó mar salgado, quanto do teu sal
São lágrimas de Portugal!
Por te cruzarmos, quantas mães choraram,
Quantos filhos em vão rezaram!
Quantas noivas ficaram por casar
Para que fosses nosso, ó mar!

Valeu a pena? Tudo vale a pena
Se a alma não é pequena.
Quem quer passar além do Bojador
Tem que passar além da dor.
Deus ao mar o perigo e o abismo deu,
Mas nele é que espelhou o céu.[10]

---

9. Fernando Pessoa, "Mensagem". In: op. cit, 1986a, p. 84.
10. Ibid., p. 82.

Mas Fernando Pessoa é, além disso, moderno num sentido ainda mais profundo, também prefigurado por Ulisses, quando este diz ao ciclope Polifemo chamar-se *Οὖτις*, isto é, "Ninguém". Refiro-me ao que se pode chamar de a moderna cisão da subjetividade. Creio que o melhor meio de explicar o que significa essa cisão é mostrar o caminho através do qual o autor de *Mensagem* a alcançou.

Como se sabe, a filosofia moderna se formou a partir do ceticismo mais radical que se pode imaginar: a dúvida hiperbólica ou exagerada de Descartes, segundo a qual é possível que absolutamente tudo o que pensamos saber não tenha consistência maior que a de sonhos, alucinações, ataques de loucura, encantamentos provocados por gênios maus etc. Com razão, Alexandre Koyré afirmou que essa dúvida foi "a mais tremenda máquina de guerra — guerra contra a autoridade e a tradição — que o homem jamais possuiu".[11]

Ora, as notas filosóficas de Fernando Pessoa mostram que, pensando profundamente sobre tal dúvida, ele a assumira. Nas suas palavras, "nossa primeira ação mental quando filosofamos é [...] sacudir (*shake off*) de nós os preconceitos tirânicos do hábito e, não menos, todo o peso do conhecimento que pode aparentar ter sido adquirido de modo totalmente legítimo e parecer dotado de correção indubitável".[12]

O resultado da dúvida hiperbólica é que eu, seja quem for, dou-me conta de que sou capaz de consistentemente negar a existência de Deus, a existência do mundo, a existência de cada uma das coisas que se encontram no mundo, a existência do meu pró-

---

11. Alexandre Koyré, *Entretiens sur Descartes*. Nova York; Paris: Brentano's, 1944, p. 29.
12. Fernando Pessoa, "Niilismo: Eremita". In: A. P. Coelho (Org.), *Textos filosóficos*. Lisboa: Ática, 1993, v. 1, p. 108.

prio corpo. Isso não significa necessariamente que essas coisas determinadas não existam, mas que tanto é possível que existam quanto que não existam. Em última análise, não posso ter certeza de que todas elas não passem de engano, ilusão, delírio. A existência de tais objetos se revela, portanto, como contingente e relativa. Há, contudo, como se sabe, um limite à negação. Nas palavras de Pessoa: "A única coisa que o pensamento não pode pensar como não ser é ele próprio. É esta a base do *dictum* basilar de Descartes".[13]

Descartes pensa poder recuperar algumas certezas, além dessa, através de uma prova — chamada "prova ontológica" — da existência de Deus. Mas essa "prova", como Kant veio a demonstrar, é insustentável. Pode-se dizer, por isso, que o homem moderno é aquele que viu desabarem, ao sopro da razão, todos os castelos de cartas das crenças tradicionais: o homem que caiu em si. Em última análise, é isso que o obriga a instaurar, por exemplo, a ciência e os procedimentos jurídicos modernos como processos abertos à razão crítica, públicos, e cujos resultados estão sempre, em princípio, sujeitos a ser revistos ou refutados.

Acontece que, depois de dúvida tão radical, não tenho, como já foi dito, certeza de absolutamente nada de determinado: e isso a tal ponto que não tenho certeza de nada de determinado nem sequer sobre mim mesmo. Quando digo "penso, logo sou", não é nem meu corpo, nem minha pessoa, nem minha personalidade, nem meu caráter que tenho certeza de ser. Posso estar enganado em relação a tudo isso. Depois da dúvida hiperbólica, o que fica, como diz Fernando Pessoa, "não sou eu mesmo como sujeito pensante, nem mesmo meu pensamento, mas pensamento, a pura razão, incondicionada e absoluta".[14] Trata-se precisamente da razão que duvida e que, duvidando, nega a consistência de todas

13. Ibid., p. 46.
14. Ibid., p. 113.

as coisas que a ela se submetem; e que só não é capaz de negar a si própria porque, justamente ao tentar fazê-lo, afirma-se. Só essa razão é autossuficiente ou, como diz Pessoa, suficiente a si: "De todas as nossas faculdades, a razão é a mais alta, porque é a única que a si é suficiente (*self-sufficient*)".[15]

Ao me reduzir a tal razão, porém, já não tenho nenhuma propriedade que me individualize, que me diferencie de qualquer outra pessoa. O que me individualizava, o que me diferenciava das outras pessoas era exatamente o que eu tinha de positivo e determinado, que é tudo o que pertencia ao meu corpo, à minha psicologia, à minha biografia, à minha situação no mundo. Ora, ante a razão, tudo isso é contingente, condicionado, relativo: pode ser ou não ser. Mas, se não sou necessariamente nada do que pensava ser; se sou antes o seu — o meu — nada, então eu poderia ter sido outro; poderia ser outro; poderia vir a ser outro; outro poderia ser eu. Como anota o heterônimo Bernardo Soares, "posso imaginar-me tudo, porque não sou nada. Se fosse alguma cousa, não poderia imaginar".[16] É a razão crítica que, a um só tempo, instaura a modernidade e estabelece a cisão do sujeito entre, de um lado, o sujeito indeterminado e negativo (portanto destituído do que normalmente chamamos de "subjetividade", isto é, de psicologia), e, de outro, o sujeito positivo e determinado.[17]

---

15. Ibid., p. 195.

16. Fernando Pessoa, *Livro do desassossego por Bernardo Soares*. Org. de M. A. Galhoz e T. S. Cunha. Lisboa: Ática, 1982, v. 1, p. 56.

17. Observemos que a razão autossuficiente é a própria crítica, pois "crítica", do substantivo grego *kritiké*, do verbo *krinein*, "separar", é o nome do exercício de negação que separa o necessário do contingente. A razão crítica, por outro lado, age, como vimos, através da negação. É a razão-crítica-negação que põe de um lado tudo o que é contingente, condicionado, relativo — e todas as crenças e coisas positivas e determinadas são contingentes, condicionadas, relativas — e de outro tudo o que é necessário, incondicionado, absoluto — e o necessário,

152

Na vida prática, de um modo ou de outro, todos sentimos, independentemente de conhecer o *cogito*, o efeito da cisão que ele produz. "A crítica", diz um famoso enunciado de Marx, que tinha em mente a crítica moderna à religião, "arrancou as flores imaginárias das correntes, não para que os homens portassem as correntes sem fantasias nem consolo, mas para que jogassem fora as correntes e colhessem as flores vivas."[18] Há no mundo moderno, é claro, aqueles que debalde ainda tentam crer e fazer crer nas flores imaginárias e nas fantasias; há aqueles que portam as correntes sem fantasia nem consolo e, nostálgicos das irrecuperáveis flores imaginárias e das fantasias, lamentam o desencanto do mundo moderno; e há aqueles que jogam ou tentam jogar fora as correntes e colher as flores vivas.

Alguns, por outro lado, além de sentir, como todo mundo, os efeitos da modernidade, estudam a filosofia moderna, seja para afirmá-la em teoria e/ou na vida, seja para desenvolvê-la, seja para negá-la. Fernando Pessoa experimentou cada uma dessas possibilidades. Os trechos dos fragmentos filosóficos de Fernando Pessoa que tenho citado mostram o interesse e a profundidade com que ele pensava filosoficamente sobre esses assuntos. O que o distingue é que ele não só viveu as possibilidades, mas viveu-as através da própria obra poética, até as últimas consequências, e com uma intensidade incomparável. Creio, por isso, que ele estava certo ao se descrever como "um poeta impulsionado pela filosofia, não um filósofo dotado de faculdades poéticas".[19]

"O meu pior mal", diz Pessoa, "é que nunca consigo esquecer

---

incondicionado, absoluto não é senão a própria razão-crítica-negação.

18. Karl Marx, "Zur Kritik der Hegelschen Rechtsphilosophie: Einleitung". In: Karl Marx e Friedrich Engels, *Werke*. Berlim: Dietz-Verlag, 1970, p. 378.
19. Fernando Pessoa, *Páginas íntimas e de autointerpretação*. Org. de R. Lind e J. P. Coelho. Lisboa: Ática, 1966, p. 14.

a minha presença metafísica na vida. De aí a timidez transcendental que me atemoriza todos os gestos, que tira a todas as minhas frases o sangue da simplicidade, da emoção direta."[20] Assim, a cisão do sujeito moderno entre positivo e determinado, de um lado, e indeterminado e negativo, de outro, manifesta-se — no mais das vezes de modo doloroso e dramático — em inúmeros e belíssimos poemas de Pessoa. Ela aparece, por exemplo, como inveja do animal não cindido:

Gato que brincas na rua
Como se fosse na cama,
Invejo a sorte que é tua
Porque nem sorte se chama.
Bom servo das leis fatais
Que regem pedras e gentes,
Que tens instintos gerais
E sentes só o que sentes.
És feliz porque és assim,
Todo o nada que és é teu.
Eu vejo-me e estou sem mim,
Conheço-me e não sou eu.[21]

O gato brinca na rua como se estivesse no lugar mais íntimo da casa, na cama. É possível que tal brincadeira seja de natureza erótica. De todo modo, infere-se, por oposição, que o poeta que aqui fala não se sente em casa para brincar nem sequer quando se encontra na própria cama. Não há distância entre o gato e o mundo, a cujas leis fatais ele obedece como as pedras à lei da

20. Ibid., p. 26.
21. Fernando Pessoa, "Cancioneiro". In: _____. *Obra poética*. Org. de M. A. Galhoz. Rio de Janeiro: Nova Aguilar, 1986, p. 156.

gravidade ou as "gentes" aos instintos ou costumes. O poeta, livre até de si próprio, não segue leis fatais nem instintos, mas os considera a partir de fora. O gato sente o que sente; o poeta, ao interrogar o que sente, já se distancia do próprio sentimento. O gato é feliz, pois, mesmo não sendo praticamente nada, tem tudo o que lhe pertence. O poeta que o vê é o oposto. Vê a si próprio como se fosse outro: não se possui; não é ele mesmo; está sem si. O que quer que ele veja — ou melhor, o que quer que seja objeto do seu pensamento, o que quer que conheça, inclusive a si próprio — vira objeto, do qual se distancia justamente enquanto vê, pensa, conhece.

Muitos outros poemas e fragmentos de poemas do Pessoa ortônimo poderiam ser citados no mesmo sentido. Como o poema do gato, eles são tão claros que dispensam qualquer explicação, uma vez que tenhamos em mente a cisão do sujeito moderno. Posso mencionar, por exemplo:

Tudo quanto penso,
Tudo quanto sou
É um deserto imenso
Onde nem eu estou.[22]

Ou:

Vou no caminho
Que é meu vizinho
Porque não sou
Quem aqui estou.[23]

---

22. Fernando Pessoa, "Inéditas". In: Ibid., p. 585.
23. Ibid., p. 581.

Ou:

Minhas mesmas emoções
São coisas que me acontecem.[24]

Ou:

Longe de mim em mim existo
À parte de quem sou,
A sombra e o movimento em que consisto.[25]

Ou:

Entre o que vivo e a vida,
Entre quem estou e sou,
Durmo numa descida,
Descida em que não vou.[26]

Ou:

Entre o sono e o sonho,
Entre mim e o que em mim
É o quem eu me suponho,
Corre um rio sem fim.[27]

As citações, é claro, poderiam multiplicar-se. Passemos porém a outro ponto. Se sou necessariamente incondicionado e ab-

---

24. Ibid., p. 559.
25. Ibid., p. 494.
26. Fernando Pessoa, "Cancioneiro". In: Ibid., p. 170.
27. Ibid., p. 171.

soluto, a pura razão crítica, a pura negação negante, e se sou apenas de modo contingente, condicionado e relativo esta pessoa dotada de tais e tais traços físicos, de tal personalidade, de tal caráter, de tal biografia e de tais e tais sentimentos, isto é, se, enquanto sujeito indeterminado e negativo, só por acaso sou Fernando Pessoa, então também por acaso eu poderia ser, ou ter sido, ou vir a ser Alberto Caeiro, Álvaro de Campos, Ricardo Reis, Bernardo Soares, António Mora etc.

De fato, os diferentes heterônimos me parecem representar diferentes modos de viver a cisão do sujeito moderno. Para não me prolongar, darei apenas algumas breves indicações sobre o que penso em relação a isso. O Pessoa ortônimo, como vimos, representa de forma máxima a cisão. Já Alberto Caeiro representa a denegação radical da cisão. Para levá-la a cabo, ele se esforça por minimizar antes a própria separação entre si mesmo e o mundo, à maneira do gato a brincar na rua, do poema do Pessoa ortônimo. Nesse sentido, Caeiro tenta negar radicalmente a filosofia, que lhe parece ter produzido e maximizado essa separação no mundo moderno. É paradoxal, porém, que isso o torne obcecado pela filosofia, embora para negá-la. "Eu não tenho filosofia", diz ele, mais de uma vez, "tenho sentidos."[28] E o tema é desenvolvido em trechos importantes de inúmeros poemas de Caeiro. Lembro alguns:

Não basta abrir a janela
Para ver os campos e o rio.
Não é bastante não ser cego

---

28. Id., "Ficções do interlúdio: Poemas completos de Alberto Caeiro". In: Ibid., p. 205. A frase "eu não tenho filosofia" ocorre também em citação de Álvaro de Campos: Fernando Pessoa/ Alberto Caeiro, "Notas para a recordação do meu mestre Caeiro". In: Teresa Rita Lopes (Org.). *Pessoa por conhecer: Textos para um novo mapa*. Lisboa: Estampa, 1990, p. 373.

Para ver as árvores e as flores.
É preciso também não ter filosofia nenhuma.
Com filosofia não há árvores: há ideias apenas.[29]

E:

Há metafísica bastante em não pensar em nada.[30]

E:

As bolas de sabão que esta criança
Se entretém a largar de uma palhinha
São translucidamente uma filosofia toda.[31]

E:

Brinca! Pegando numa pedra que te cabe na mão,
Sabes que te cabe na mão.
Qual é a filosofia que chega a uma certeza maior?[32]

E:

É mais estranho do que todas as estranhezas
E do que os sonhos de todos os poetas
E os pensamentos de todos os filósofos,
Que as coisas sejam realmente o que parecem ser
E não haja nada que compreender.[33]

---

29. Fernando Pessoa, "Ficções do interlúdio: Poemas completos de Alberto Caeiro". In: _____. *Obra poética*, op. cit., p. 231.
30. Ibid., p. 206.
31. Ibid., p. 218.
32. Ibid., p. 231.
33. Ibid., p. 223.

E:

Os poetas místicos são filósofos doentes,
E os filósofos são homens doidos.[34]

Ocorre que, como já observava Aristóteles, diz-se filosofar também aquele que questiona a filosofia.[35] A obsessão de Caeiro pela filosofia evidencia a impossibilidade de realização do projeto de cerzir a cisão. Pois bem, os demais heterônimos ficam entre os extremos, que são Alberto Caeiro, por um lado, e o ortônimo, por outro. Assim, Álvaro de Campos reconhece a cisão ("Os outros também são eu", diz ele, por exemplo, no poema "Reticências"),[36] porém não a toma ao modo contemplativo, intelectual, quase paralisado do Pessoa ortônimo, mas de modo emotivo e trágico — e, sobretudo, afirmativo. Em "Saudação a Walt Whitman", por exemplo, ele diz:

Porque eu, por minha vontade de me consubstanciar com Deus,
Posso ser tudo, ou posso ser nada, ou qualquer coisa[37]

Cito também o início e o fim de "Tabacaria":

Não sou nada.
Nunca serei nada.

---

34. Ibid., p. 219.
35. Aristóteles, "Protrepticus". In: Ingemar Dühring (Org.). *Aristotle's Protrepticus: an attempt at reconstruction*. Göteborg: Acta Universitatis Gothoburgensis, 1961, fr. 6, 2.
36. Fernando Pessoa, "Ficções do interlúdio: Poesias de Álvaro de Campos". In: _____. *Obra poética*, op. cit., p. 377.
37. Ibid., p. 338.

Não posso querer ser nada.
À parte isso, tenho em mim todos os sonhos do mundo.
[...]
O homem saiu da Tabacaria (metendo troco na algibeira das calças?).
Ah, conheço-o: é o Esteves sem metafísica.
(O Dono da Tabacaria chegou à porta.)
Como por um instinto divino o Esteves voltou-se e viu-me.
Acenou-me adeus gritei-lhe Adeus ó Esteves!, e o universo
Reconstruiu-se-me sem ideal nem esperança, e o Dono da Tabacaria
[sorriu.[38]

Ricardo Reis aceita a cisão (leia-se, por exemplo, seu belíssimo "Vivem em nós inúmeros"),[39] mas, rejeitando as paixões incontroláveis e as ambições intelectuais irrealizáveis — já que, segundo pensa, nada se pode saber —, opta por um hedonismo moderado, epicurista, que lembra Horácio (assim como o nome "Lídia" lembra a Lydia do poeta romano):

Não consentem os deuses mais que a vida.
Por isso, Lídia, duradouramente
Façamos-lhe a vontade
Ao sol e entre as flores.
Camaleões pousados na Natureza
Tomemos sua calma e alegria
Por cor da nossa vida,
Por um jeito do corpo.
Como vidros às luzes transparentes
E deixando cair a chuva triste,

---

38. Ibid., p. 362 e 366.
39. Ibid., p. 291.

Só mornos ao sol quente,
E refletindo um pouco.[40]

Do mesmo modo:

Tão cedo passa tudo quanto passa!
Morre tão jovem ante os deuses quanto
Morre! Tudo é tão pouco!
Nada se sabe, tudo se imagina. Circunda-te de rosas, ama, bebe
E cala. O mais é nada.[41]

É claro que, ao dizer essas coisas, estou longe de oferecer uma explicação cabal da criação da heteronímia, pois todos somos modernos, e só Fernando Pessoa a criou. Mas, independentemente das causas singulares, concretas, psicológicas e (segundo o próprio Pessoa) possivelmente patológicas da heteronímia, espero ter conseguido explicar por que penso que, entre outras coisas, ela pode ser entendida como uma manifestação extrema ou — seguindo uma famosa indicação do próprio Pessoa[42]— histérica do modo moderno de ser.

Contudo, tendo em vista o interesse de Fernando Pessoa pelo ocultismo, talvez caiba perguntar-se se não será excessivamente racionalista a interpretação que acabo de dar. Não creio. Será mais racionalista do que o poeta que escreveu "Guia-me a só razão"?[43] De todo modo, o mesmo ceticismo radical e racional

---

40. Fernando Pessoa, "Ficções do interlúdio: Odes de Ricardo Reis". In: _____.
Obra poética, op. cit., p. 260.
41. Ibid., p. 277.
42. Fernando Pessoa, "Carta a Adolfo Casais Monteiro: 13 de janeiro de 1935".
In: A. Quadros (Org.), *Fernando Pessoa: Escritos íntimos. Cartas e páginas autobiográficas*. Lisboa: Publ. Europa-América, 1986b, p. 199.
43. Id., "Cancioneiro". In: _____. *Obra poética*, op. cit., p. 59.

que produz a cisão do sujeito moderno proíbe-nos, em última análise, não só de afirmar, mas também de negar peremptoriamente os produtos das especulações ocultistas.

Em segundo lugar, um interesse por fenômenos "ocultos" não significa necessariamente irracionalismo. O fascínio que o ocultismo exercia sobre Pessoa me parece ter sido de natureza estética. "A única razão para um ocultista funcionar no astral", escreve o heterônimo Bernardo Soares, "é sob a condição de fazê--lo por estética superior, e não para o sinistro fim de fazer o bem a qualquer pessoa".[44] Em que consiste essa "estética superior"? É o próprio Bernardo Soares que explica:

> Simpatizamos com o ocultismo, sobretudo porque ele soe exprimir-se de modo a que muitos que leem, e mesmo muitos que julgam compreender, nada compreendem. É soberbamente superior essa atitude misteriosa. É, além disso, fonte copiosa de sensações do mistério e de terror: as larvas do astral, os estranhos entes de corpos diversos que a magia cerimonial evoca nos seus templos, as presenças desencarnadas da matéria deste plano, que pairam em torno aos nossos sentidos fechados, no silêncio físico do som interior — tudo isso nos acaricia com uma mão viscosa, terrível, no desabrigo e na escuridão.[45]

A superioridade aqui é a de quem se quer um aristocrata do espírito, a afetar desprezo pela vulgaridade farisaica do burguês. Não há como não lembrar, por exemplo, Baudelaire. De mesma natureza é a evocação do mistério e do terror sublimes.[46]

---

44. Id., *Livro do desassossego por Bernardo Soares*. Org. de M. A. Galhoz e T. S. Cunha. Lisboa: Ática, v. 1, 1982, p. 481.

45. Ibid.

46. Sobre Pessoa, poderia ser dito o que Sartre escreveu sobre Baudelaire: "Ele

Para terminar, cedo à tentação de observar que a notável predileção dos brasileiros pela poesia de Fernando Pessoa parece-me ter a ver com o fato de que, como aqui procurei mostrar, ele é um dos maiores poetas da modernidade. É que, como dizia o crítico Mário Pedrosa — numa frase que Hélio Oiticica gostava de citar —, "o Brasil é condenado ao moderno". E penso que é por essa vocação para a modernidade que a verdadeira originalidade do Brasil não deve ser buscada nas suas particularidades, mas no seu modo de ser universal. Como já afirmei certa vez,

> o brasileiro não pode ignorar que o crisol-Brasil existe somente enquanto bojo de contatos, atritos e fusões culturais. Para ele, a afirmação do caráter acidental, contingente e relativo das identidades positivas e particulares que entram em sua composição se dá como fundamento essencial, necessário e absoluto de sua nacionalidade. Com isso, a cultura brasileira não pode ser senão uma espécie de metacultura; a "raça" brasileira, metarraça; e a nação brasileira, metanação.[47]

Sendo assim, parece que poderíamos, identificando-nos com os portugueses, assinar embaixo do seguinte texto de Fernando Pessoa:

> Quem, que seja português, pode viver a estreiteza de uma só personalidade, de uma só nação, de uma só fé? Que português verdadeiro pode, por exemplo, viver a estreiteza estéril do catolicismo, quando fora dele há que viver todos os protestantismos, todos os

se sente e quer sentir-se singular até o extremo gozo solitário, único até o terror". (Jean-Paul Sartre, *Baudelaire*. Paris: Gallimard, 1963, p. 21.)

47. Antonio Cicero, *O mundo desde o fim*. Rio de Janeiro: Francisco Alves, 1995, p. 176.

credos orientais, todos os paganismos mortos e vivos, fundindo-os portuguesmente no Paganismo Superior? Não queiramos que fora de nós fique um único deus! Absorvamos os deuses todos! Conquistamos já o Mar: resta que conquistemos o Céu, ficando a terra para os Outros, os eternamente Outros, os Outros de nascença, os europeus que não são europeus porque não são portugueses. Ser tudo, de todas as maneiras, porque a verdade não pode estar em faltar ainda alguma coisa! Criemos assim o Paganismo Superior, o Politeísmo Supremo! Na eterna mentira de todos os deuses, só os deuses todos são verdade.[48]

48. Fernando Pessoa, "O escritor Fernando Pessoa expõe-nos as suas ideias". In: M. I. Rocheta e M. P. Mourão (Orgs.), *Ultimatum e páginas de sociologia política*. Lisboa: Ática, 1980, p. 3.

12. Hölderlin e o destino do homem[1]

PENSAR O MUNDO E PENSAR SOBRE O MUNDO

Ao falar de poetas que pensaram o mundo, temos em mente, é claro, aqueles que o fizeram como poetas, isto é, nas palavras dos seus poemas. Embora muitos deles — como Dante, Baudelaire, Valéry, Eliot, Goethe, Ponge, Pessoa — também exprimam em prosa as suas concepções do mundo, são os seus poemas que costumam ser objeto de estudos filosóficos, e não — exceto acessoriamente — os seus ensaios, tratados, cartas, anotações ou comunicações orais. Até não muito tempo atrás, esse era o caso de Hölderlin. Foi sobretudo a sua obra poética que interessou a Heidegger, por exemplo. Entretanto, um dado biográfico o distingue dos poetas anteriormente citados: refiro-me à sua intimidade com a grande filosofia e com alguns dos maiores filósofos da sua épo-

---

1. Este ensaio foi originalmente publicado como "O destino do homem [Hölderlin]". In: Adauto Novaes (Org.), *Poetas que pensaram o mundo*. São Paulo: Companhia das Letras, 2005.

ca, isto é, com os fundadores daquilo que se tornou conhecido como o Idealismo Alemão. Hölderlin tinha relações pessoais com Schiller, com o qual se correspondia. Hegel e Schelling foram seus colegas e amigos no seminário teológico da Universidade de Tübingen e, mais tarde, na Universidade de Jena, ele conheceu pessoalmente Fichte, a cujas preleções assistiu diariamente. Estudos recentes — como os de Dieter Henrich e Violetta Waibel — sugerem que as teses filosóficas de Hölderlin tanto contribuíram decisivamente para a gestação dos pensamentos daqueles quanto provocaram importantes precisões no pensamento deste.

Dado isso tudo, a vida e a obra de Hölderlin ocasionam reflexões não somente sobre a relação entre o pensamento e a poesia, mas também sobre a relação entre esta e a filosofia. Ao afirmá-lo, pressuponho que haja uma diferença entre pensar e filosofar. De fato, é evidente que, embora filosofar seja sempre pensar, pensar nem sempre é filosofar. Mas e quanto a "pensar o mundo"? Pensar o mundo não será sempre filosofar? Em primeiro lugar, é preciso observar que a sintaxe presente na expressão "pensar o mundo" não é corriqueira ou normal. Normalmente dir-se-ia "pensar *sobre* o mundo".

Não que seja gramaticalmente incorreto dizer "pensar o mundo": apenas não se trata de uma construção comum. O verbo "pensar" pode ser intransitivo, transitivo direto ou transitivo indireto. Como transitivo *direto*, porém, seu objeto é normalmente (1) uma oração substantivada (diz-se, por exemplo, "eles pensam que a terra é plana"), (2) um verbo ("penso sonhar"), ou (3) um nome ou um pronome com função adverbial ("penso isso", por "penso assim"; "penso o contrário" por "penso de modo contrário"). Em geral, é somente como transitivo indireto que o objeto do verbo "pensar" pode ser um nome, de modo que se diz "penso *numa* (ou *sobre*) uma rosa" ou "penso *em* (ou *sobre*) Marcelo", mas raramente, exceto em poesia, dir-se-ia "penso uma rosa" ou "penso Marcelo".

Na verdade, parece-me que, quando tais construções ocorrem em outros campos discursivos, como no da filosofia, elas são inspiradas por paradigmas estrangeiros: mais precisamente, franceses. De fato, em francês é bem mais comum do que em português encontrarem-se títulos de livros ou artigos contendo sintagmas como *penser l'être, penser l'homme, penser la vie* etc. Observo entretanto que, mesmo em francês, a disseminação de tal regência do verbo *penser* é fenômeno relativamente recente. Assim, ela não é mencionada senão ao final do longo verbete que o dicionário *Robert* dedica a esse verbo, onde é classificada como um fenômeno tipicamente filosófico ou literário. Na versão de 10 de dezembro de 2002 do monumental *Trésor de la langue française*, publicado pelo CNRS, também no verbete *penser*, observa-se que "penser quelque nom ou quelque chose" é usado "sobretudo no domínio da reflexão, do conhecimento científico e filosófico", e os exemplos aduzidos provêm de textos de Sartre, de Merleau--Ponty e de Alain. Trata-se, portanto, de um uso que, seguindo um vetor antissaussureano, propaga-se do espaço literário para o espaço oral e, seguindo um vetor antiwittgensteiniano, da linguagem filosófica para a linguagem cotidiana.

Ora, não creio que a construção tradicional — em que o verbo "pensar", ao ter por objeto um nome, é transitivo indireto — (construção que também se encontra nas demais línguas indo--europeias que conheço) — seja inteiramente arbitrária. Parece-me que lhe subjaz uma concepção do pensamento como, em primeiro lugar, um ato dotado da estrutura de uma proposição, de uma sentença, de um juízo. Nesse sentido, pensar numa coisa ou sobre uma coisa é fazer para si mesmo um juízo simples ou composto a respeito dela: de que ela existe e/ou de que tem tais ou quais propriedades e/ou de que tem tais ou quais relações com tais ou quais coisas. Normalmente concebemos o pensamento, portanto, como primariamente discursivo ou dianoético, como dizia Aristóteles, e não como intuitivo ou noético. As preposições *em* ou *sobre*, quando digo "penso *numa* rosa" ou "penso *sobre* uma rosa" funcionam como uma marca verbal do caráter mediado da relação do meu pensamento com a rosa. Interpondo-se entre o pensamento e a rosa, ela, por um lado, os separa e, por outro, os reúne. É desse modo que funciona o pensamento filosófico.

Se, portanto, eu tivesse me perguntado se pensar *sobre* o mundo é sempre filosofar, então eu agora responderia que, sempre que se entende por "mundo" a totalidade do pensável considerada enquanto totalidade, "pensar sobre o mundo" é filosofar. Contudo, o que me perguntei foi se pensar *o* mundo é sempre filosofar. Ora, nessa pergunta, a abolição da preposição sugere a abolição da separação e da mediação entre o pensamento e a coisa pensada. É como se o pensamento não ficasse *sobre*, isto é, acima ou, de algum modo, *fora* do mundo, para pensá-lo. É como se apreendesse o mundo enquanto pensamento. Tal seria um pensamento intuitivo e noético, ou uma intuição intelectual. Nesse sentido, pensar o mundo — que é o que supomos fazerem muitos poetas — afigura-se inteiramente diferente de pensar sobre o mundo e, portanto, de filosofar.

Entretanto, levando em conta que, segundo o que já expus, a construção em que o objeto direto do verbo "pensar" é um nome, como em "pensar o mundo", parece ser de origem filosófica, poder-se-ia questionar se não será ilusória a distinção que acabo de desenhar. Parece-me que não. Observo que, dos três pensadores citados pelo *Trésor*, dois — Sartre e Merleau-Ponty — são fenomenólogos. Ora, já a divisa de Husserl, "Zurück zu den Sachen!" ["Voltar às coisas!"], representa uma crítica ao que o fenomenólogo vê como a relação excessivamente mediada, estabelecida pela filosofia tradicional e especulativa, entre o pensa-

168

mento e seu objeto intencional. A redução eidética tem o sentido de preparar metodicamente as condições de possibilidade da *Wesenschau*, isto é, da intuição direta e pura das essências e das estruturas essenciais. Pois bem, é exatamente essa relação intuitiva do pensamento com o seu objeto intencional que os filósofos em questão pretendem exprimir ao tornar direta a transitividade normalmente indireta do verbo "pensar". Portanto, ainda que originada no discurso filosófico, essa sintaxe foi concebida para exprimir uma ambição cognitiva oposta, de certo modo, à da filosofia tradicional. De qualquer maneira, independentemente da sua presumível origem fenomenológica, ela me parece admiravelmente apta a exprimir a ambição poética do pensar intuitivo.

Pensar o mundo, portanto, é o que alguns poetas fazem nos seus poemas. Nesse caso, pode dizer-se que Hölderlin tanto pensou *o* mundo, enquanto poeta, quanto pensou *sobre* o mundo, enquanto filósofo. Como no Brasil, graças à circulação de traduções dos poemas de Hölderlin e das obras que Heidegger lhes dedicou, são mais correntes as interpretações da sua poesia do que as da sua filosofia, que é praticamente desconhecida, optei por tratar desta, isto é, por tratar do que Hölderlin — poeta que, em sua poesia, pensa *o* mundo — pensa *sobre* o mundo: o que, evidentemente, inclui também o que ele pensa sobre a poesia.

A título propiciatório, porém, antes de entrar no pensamento filosófico, citarei o primeiro poema que li, ainda adolescente, de Hölderlin. Na época, eu não lia em alemão, quando me deparei com o poema "Hälfte des Lebens", em tradução de Manuel Bandeira, e fiquei maravilhado:

Metade da vida

Peras amarelas
E rosas-silvestres

Da paisagem sobre a
Lagoa.

Ó cisnes graciosos,
Bêbedos de beijos,
Enfiando a cabeça
Na água santa e sóbria!

Ai de mim, aonde, se
É inverno agora, achar as
Flores? E aonde
O calor do sol
E a sombra da terra?
Os muros avultam
Mudos e frios; à fria nortada
Rangem os cata-ventos [2]

---

2. Manuel Bandeira, "Poemas traduzidos". In: _____. *Estrela da vida inteira.*
Poesias reunidas. Rio de Janeiro: José Olympio, 1966, p. 445. Original:
Mit gelben Birnen hänget
Und voll mit wilden Rosen
Das Land in den See,

Ihr holden Schwäne,
Und trunken von Küssen
Tunkt ihr das Haupt
Ins heilignüchterne Wasser.

Weh mir, wo nehm ich, wenn
Es Winter ist, die Blumen, und wo
Den Sonnenschein,
Und Schatten der Erde?
Die Mauern stehn
Sprachlos und kalt, im Winde
Klirren die Fahnen.

Aliás, anos depois, lendo o maravilhoso *Itinerário de Pasárgada*, de Bandeira, deliciei-me com uma passagem em que ele relata um problema ocorrido na impressão da primeira e da segunda edição das suas traduções de Hölderlin:

Foi num dos nove poemas de Hölderlin, que traduzi a pedido de Otto Maria Carpeaux (uma das maiores batalhas que já pelejei na minha vida de poeta...). A estrofe inicial do poema "Metade da vida" é

Peras amarelas
E rosas-silvestres
Da paisagem sobre a
Lagoa

Provavelmente o linotipista não acreditava que se pudesse misturar peras a rosas e imaginou que devia ser "heras" e não "peras". Assim que, todos os que essas insossas memórias estiverem lendo, fiquem cientes que não escrevi nem jamais escreveria aquele horrendo verso "Heras amarelas"...[3]

OS TEXTOS FILOSÓFICOS DE HÖLDERLIN

Voltemos à filosofia. Na verdade, Hölderlin não deixou obra filosófica. As únicas coisas que existem, nesse sentido, são trechos de cartas e anotações, a mais extensa das quais consiste num ma-

---

(Friedrich Hölderlin, "Gedichte 1799-1803". In: _____. *Sämtliche Werke und Briefe*. Munique: Carl Hanser, 1970, v. 1, p. 345.)
3. Manuel Bandeira, "Itinerário de Pasárgada". In: _____. *Poesia completa e prosa*. Rio de Janeiro: José Aguilar, 1967, p. 121.

nuscrito de duas páginas, batizado postumamente de "Juízo e ser" e publicado em 1961. Outro texto pequeno, designado como "O mais antigo programa do sistema do idealismo alemão", tem a autoria em disputa: pode ter sido escrito por Hegel, por Schelling ou por Hölderlin; ou por dois deles; ou pelos três: o que talvez seja o mais provável. É principalmente a partir desses escritos e de alguns outros, dedicados principalmente à poesia, que se pode tentar inferir o pensamento filosófico de Hölderlin.

Em primeiro lugar, é preciso lembrar que o grande nome da filosofia alemã no final do século XVIII é Kant. "Kant", diz Hölderlin, em carta ao irmão, "é o Moisés de nossa nação, que a conduz da dormência egípcia ao deserto livre e solitário da especulação e traz do monte sagrado a lei enérgica".[4] Fichte era discípulo de Kant. Entretanto, ele (como, antes dele, Reinhold, outro discípulo de Kant) considerou necessário, tanto como uma exigência da razão quanto para evitar determinados impasses a que a doutrina kantiana tal como apresentada pelo mestre parecia levar, descobrir um fundamento único, sobre o qual todo o edifício crítico pudesse se sustentar. *Fundamento da inteira doutrina da ciência*, o título da obra em que Fichte primeiro expõe o seu princípio, já revela essa ambição.

Como chegar a tal princípio? O método de Fichte — não o método de exposição com que abre o *Fundamento*, mas o seu método efetivo de investigação, exposto, por exemplo, na segunda parte desse livro, é tomar um fato da consciência e dele abstrair tudo o que possa ser abstraído. O que fica é o eu puro, que Fichte chama de *Tathandlung*, isto é, ato e/ou fato.

---

4. Friedrich Hölderlin, "Brief an den Bruder, 31/12/98". In: _____, op. cit., p. 797. Exceto pela versão de Manuel Bandeira do poema "Hälfte des Lebens", todas as demais traduções de textos em alemão, francês, inglês e grego são de minha autoria.

Sem pretensão maior do que minimamente contextualizar a crítica que Hölderlin faz a Fichte, farei uma sinopse do argumento que se encontra no princípio do *Fundamento*. Para começar, Fichte escolhe um fato da consciência aceito por todos: a proposição "A é A" ou "A = A". Cada qual deve reproduzir por si próprio essa mesma experiência. Ao ler a palavra "eu", por exemplo, o leitor deve referi-la a seu próprio ser. Cada qual deve dizer a si próprio as palavras que lerá em seguida.

Comecemos agora: afirmo que $A = A$. Quando digo isso, não estou afirmando "A". "A" seria um conteúdo. O que estou afirmando é puramente formal, isto é, que *se* "A", *então* "A = A", seja lá o que for "A". O que estou afirmando, então, como absolutamente certo é que há uma conexão necessária entre esse "se" e esse "então" — é essa relação que afirmo de modo absoluto. Chamemo-la de "X"... Mas posso perguntar: sob que condições A existe? A relação X existe ao menos em mim, e através de mim, que a afirmo. Eu a reconheço como uma lei. Ora, essa lei não me foi dada de fora. Sou eu que afirmo que A = A, e afirmo que é absolutamente certo, sem que ninguém precise mandar-me fazer isso. Mas já que a relação X é posta por mim e em mim, e X é uma relação entre um A que ocupa o lugar de sujeito e um A que ocupa o lugar de objeto, então, ao menos na medida em que X é posta por mim e em mim, A é posto por mim e em mim. Mas se o A que ocupa o lugar de sujeito é posto, então o A que ocupa o lugar de objeto é posto de modo absoluto. Posso então dizer: se A é posto em mim, ele é posto: ele é. Assim, afirmo, através de X, que A existe de modo absoluto para mim; e isso simplesmente porque A foi posto por mim como tal. Isso quer dizer que em mim — afirmando, pondo ou julgando — há algo que é sempre o mesmo; de modo que o X que afirmei de modo absoluto pode ser expresso como "eu = eu": "eu sou eu". Ora, não posso deixar de pôr a mim. Assim chego à proposição "eu sou", como um fato.

Fichte mudou inúmeras vezes o modo de exposição do seu primeiro princípio, e o seu significado exato — por exemplo, se consiste num princípio prático (no sentido kantiano) ou teórico ou ambos é, até hoje, objeto de ferrenhas e interessantes discussões. Entretanto, o que realmente me interessa aqui é a interpretação hölderliniana desse princípio. Por isso, vou citar, em primeiro lugar, uma carta a Hegel em que Hölderlin conta que está lendo escritos de Fichte que interessariam muito ao amigo, e os descreve e critica, de modo muito sucinto:

> Seu eu absoluto (= substância de Spinoza) contém toda realidade; é tudo, e fora dele nada há; não há portanto objeto algum para esse eu absoluto, pois de outro modo toda realidade não estaria nele; ora, uma consciência sem objeto não é concebível, e se eu mesmo for esse objeto, então, como tal, sou necessariamente limitado, ainda que apenas no tempo, logo, não sou absoluto; portanto nenhuma consciência é concebível no eu absoluto; enquanto eu absoluto não tenho consciência e, na medida que não tenha consciência, nada sou (para mim); logo o eu absoluto nada é (para si).[5]

Hölderlin supõe que o eu absoluto representa, para Fichte, o que a substância representa para Spinoza. Por ora, não interessa investigar se essa suposição (também feita, na mesma época, por Jacobi, Schiller, Novalis, Friedrich Schlegel e Niethammer, por exemplo)[6] é correta. Tudo o que ele diz em seguida é uma crítica à afirmação de que o eu absoluto, como a substância de Spinoza, contém toda realidade. Em primeiro lugar, ele mostra que, se o eu absoluto contém toda realidade, nada existe fora dele e, se nada

5. Id., "Brief an Hegel, 26/01/95". In: _____, op. cit., p. 639.
6. Dieter Henrich, *Der Grund im Bewusstsein*. Stuttgart: Klett-Cotta, 1992, n. 152, pp. 127 e 796.

existe fora dele, ele não possui objeto fora de si; ora, são inconcebíveis tanto um eu sem consciência quanto uma consciência sem objeto. A alternativa seria que o eu absoluto, mesmo não possuindo objeto fora de si, tomasse a si próprio como objeto; entretanto, segundo Hölderlin, nesse caso ele não seria absoluto, pois todo objeto é limitado, ao menos temporalmente. Penso que aqui ele tem em mente as condições a priori da objetividade, no sentido kantiano, segundo as quais não há objeto que não se dê necessariamente através da forma pura da intuição temporal. Todo objeto se dá ao menos no tempo, se não no espaço. Portanto, o eu *absoluto* não pode ter objeto algum; logo, já que não há consciência sem objeto, não pode ter consciência; ora, não há eu sem consciência: um eu sem consciência nada seria para si. Consequentemente, o eu absoluto nada é para si: o eu absoluto nada é.

Passo ao texto denominado "Juízo e ser". Trata-se de um texto curto, escrito numa única folha de papel. Por comodidade expositiva, subdivido o texto em seis segmentos, e omito apenas um parágrafo, que trata de questões de modalidade, cuja articulação com a questão que me interessa não é nem óbvia nem indispensável para a sua compreensão.[7]

Juízo e ser (*Urtheil und Seyn*)

(1) *Juízo* é, no sentido mais elevado e forte, a separação original (*die ursprüngliche Trennung*) do objeto e sujeito mais intimamente unido [sic] na intuição intelectual, aquela separação através da

---

7. Em texto de 1965-6, Dieter Henrich pensa que o parágrafo sobre modalidade pode não fazer parte da principal sequência argumentativa de *Urtheil und Seyn* (Dieter Henrich, "Hölderlin on Judgment and Being: A Study in the History of the Origins of Idealism". In: _____. *The Course of Remembrance and Other Essays on Hölderlin*. Stanford: Stanford University Press, 1997, p. 79); em 1992, porém, ele tenta mostrar como se dá essa articulação (Dieter Henrich, *Der Grund im Bewusstsein*. Stuttgart: Klett-Cotta, 1992, pp. 707-26).

qual se tornam em primeiro lugar possíveis objeto e sujeito, a separação original (*die Ur-Teilung*).

(2) No conceito da separação já se encontra o conceito da relação recíproca de objeto e sujeito um com o outro e a pressuposição necessária de um todo do qual objeto e sujeito são as partes.

(3) "Eu sou eu" é o exemplo mais adequado desse conceito do juízo (*Urteilung*) enquanto juízo *teórico*, pois no juízo *prático* ele se opõe ao não eu, não a si próprio.

(4) Ser (*Seyn*) exprime a ligação entre sujeito e objeto.

(5) Onde sujeito e objeto é unido [sic] de modo absoluto, e não apenas parcial, unido de tal maneira que nenhuma separação pode ser pretendida sem ferir a essência daquilo que se pretenda separar, nesse caso e em nenhum outro pode falar-se de um *ser de modo absoluto*, como é o caso ao se dar a intuição intelectual.

(6) Mas esse ser não deve ser confundido com a identidade. Quando digo: eu sou eu, o sujeito (eu) e o objeto (eu) não estão tão unidos que nenhuma separação possa ser pretendida sem ferir a essência daquilo que se pretenda separar; ao contrário: o eu só é possível através dessa separação entre eu e eu. Como posso dizer: eu! sem autoconsciência? Mas como é possível a autoconsciência? Através do fato de que me oponho a mim próprio, separo-me de mim, mas, independentemente dessa separação, reconheço-me como o mesmo no oposto. Mas em que medida o mesmo? Posso, devo perguntá-lo; pois, por outro ponto de vista, ele é oposto a si. Logo, a identidade não é uma união de objeto e sujeito que se encontre de modo absoluto, logo a identidade não é = ser absoluto.[8]

A palavra alemã para "julgar" é *urteilen* e a palavra para "julgamento" ou "juízo" é *Urteil*. Esses vocábulos surgiram, na verda-

---

8. Friedrich Hölderlin, "Urteil und Sein". In: _____. *Sämtliche Werke und Briefe*. Munique: Carl Hanser, 1970, v. 1, pp. 840-1.

de, como variantes do verbo *erteilen*, que quer dizer "distribuir",
e do substantivo *Erteil*, que significava originalmente "aquilo que
se distribui" e, consequentemente, "a sentença que o juiz distribui". Modernamente, *urteilen* passou a significar "julgar" e *Urteil*,
"juízo", no sentido de "proposição".[9] Inflamado, porém, pelo fato
de que, normalmente, o prefixo intensificador *ur* tem o sentido
de *original* ou *primitivo* e a raiz *Teil* tem o sentido de *parte*, e olvidado de que, no caso em questão, o *ur* de *Urteil* não passa de
uma variante do *er* de *Erteilen*, Fichte, em notas para um curso
que ministrou em 1795 e que foi, sem dúvida, assistido por Hölderlin, observa: "Julgar: separar originalmente; e é verdade: uma
separação original o fundamenta...".[10]

É claro que nada impede que uma falsa etimologia exprima
uma intuição verdadeira. De todo modo, também para Hölderlin
a palavra "juízo" (*Urteil*) remete à noção de *separação primitiva*.

Mas releiamos o texto de Hölderlin, segmento por segmento:

(1) *Juízo* é, no sentido mais elevado e forte, a separação original (*die
ursprüngliche Trennung*) do objeto e sujeito mais intimamente unido [sic] na intuição intelectual, aquela separação através da qual se
tornam em primeiro lugar possíveis objeto e sujeito, a separação
original (*die Ur-Teilung*).

Para que o juízo, isto é, o conhecimento humano discursivo,
dianoético, seja possível, é necessário em primeiro lugar que o
sujeito (que julga) e o objeto (que é julgado) tenham sido separa-

---

9. Paul Grebe e Konrad Duden (Orgs.), *Der Grosse Duden: Etymologie*. Mannheim: Bibliographisches Institut, 1963, p. 733.
10. "Urtheilen, ursprünglich theilen; u, es ist wahr: es liegt ein ursprüngl.
Theilen ihm zum Grunde". Citado em: Violetta L. Waibel, *Hölderlin und Fichte
1794-1800*. Paderborn: Schöningh, 2000, p. 140.

dos. No próprio objeto, é preciso também que o sujeito do juízo tenha sido separado do objeto do juízo. O juízo, portanto, separa o que estava originalmente unido na intuição intelectual. Que é a intuição intelectual? A intuição *sensível* ou *empírica* é a sensação. Intuição *intelectual* seria um conhecimento intuitivo, um conhecimento imediato, não discursivo, não dianoético, mas noético. Fichte dizia que "o sujeito absoluto, o eu, não é dado pela intuição empírica, mas pela intelectual".[11] O leitor se lembrará de que a expressão "pensar o mundo" sugere justamente o conceito de *intuição intelectual*.

(2) No conceito da separação já se encontra o conceito da relação recíproca de objeto e sujeito um com o outro e a pressuposição necessária de um todo do qual objeto e sujeito são as partes.

Na verdade, isso consiste num desdobramento analítico daquilo que foi afirmado na proposição anterior. O que diz é que o próprio juízo já pressupõe uma unidade, um todo, anterior a ele; uma unidade de sujeito e objeto, que é por ele separada.

(3) "Eu sou eu" é o exemplo mais adequado desse conceito do juízo (*Urteilung*) enquanto juízo *teórico*, pois no juízo *prático* ele se opõe ao não eu, não a si próprio.

A distinção entre juízo teórico e prático faz parte do horizonte kantiano do pensamento tanto de Fichte quanto de Hölderlin. Para Kant, o juízo teórico diz respeito ao que é; o prático, ao que deve ser, à liberdade, em oposição ao que é. O que deve ser, em

---

11. Johann Gottlieb Fichte, "Recension des Aenesidemus oder über die Fundamente der vom Herrn Prof. Reinhold in Jena gelieferten Elementarphilosophie". In: _____, *Sämmtliche Werke*. Berlim: Veit & Comp., 1845-6, v. 1, p. 10.

última análise, é a própria liberdade. O eu prático, o eu livre, que se confunde com a própria liberdade, opõe-se a tudo o que se opõe à liberdade. É nesse sentido que ele se opõe ao não eu. Entretanto, o que está em jogo aqui é o juízo teórico. Por que diz Hölderlin que "eu sou eu" é o seu exemplo mais adequado? Porque nesse juízo manifesta-se a natureza mesma do juízo teórico. Ele é, como foi dito, a separação original mediante a qual se tornam em primeiro lugar possíveis objeto e sujeito. Assim, separa-se o eu num eu sujeito e num eu objeto, o que se manifesta na duplicação da palavra "eu". Por outro lado, a identidade do primeiro eu com o segundo eu, posta pela identidade das duas instâncias da palavra "eu", manifesta a pressuposição necessária de um todo do qual objeto e sujeito são as partes. Nas palavras de Henrich, "o estabelecimento dos diferentes é pensado em relação imediata com o estabelecimento da unificação (da identificação) dos diferentes".[12]

(4) Ser (*Seyn*) exprime a ligação entre sujeito e objeto.

Ser é a ligação entre sujeito e objeto anterior à sua separação original. "Sujeito e objeto" é, como sua ocorrência a seguir e as ocorrências de "objeto e sujeito" anteriores, de número singular. É como se Hölderlin tivesse escrito "sujeito-e-objeto" e "objeto-e-sujeito".

(5) Onde sujeito e objeto é unido [sic] de modo absoluto, e não apenas parcial, unido de tal maneira que nenhuma separação pode ser pretendida sem ferir a essência daquilo que se pretenda sepa-

---

12. Dieter Henrich, *Der Grund im Bewusstsein*. Stuttgart: Klett-Cotta, 1992, n. 152, p. 95.

rar, nesse caso e em nenhum outro pode falar-se de um *ser de modo absoluto*, como é o caso ao se dar a intuição intelectual.

Supõe-se aqui que duas modalidades de unidade de sujeito e objeto são concebíveis: na primeira, eles são unidos de tal modo que não podem ser separados: separá-los destruiria a unidade de ambos; na segunda, eles são unidos, mas podem ser separados sem que se destrua a sua unidade.

(6) Mas esse ser não deve ser confundido com a identidade. Quando digo: eu sou eu, o sujeito (eu) e o objeto (eu) não estão tão unidos que nenhuma separação possa ser pretendida sem ferir a essência daquilo que se pretenda separar; ao contrário: o eu só é possível através dessa separação entre eu e eu. Como posso dizer: eu! sem autoconsciência? Mas como é possível a autoconsciência? Através do fato de que me oponho a mim próprio, separo-me de mim, mas, independentemente dessa separação, reconheço-me como o mesmo no oposto. Mas em que medida o mesmo? Posso, devo perguntá-lo; pois, por outro ponto de vista, ele é oposto a si. Logo, a identidade não é uma união de objeto e sujeito que se encontre de modo absoluto, logo a identidade não é = ser absoluto.

A unidade absoluta entre sujeito e objeto não é a da relação da identidade. O texto que o demonstra é extremamente claro. A palavra "eu" exprime a autoconsciência. Quem diz "eu" fala de si próprio: é um sujeito que toma a si próprio como objeto. Ele se divide, portanto, em sujeito e objeto: opõe-se a si enquanto, de um lado, sujeito e, de outro lado, objeto. No entanto, ele se reconhece como idêntico ao seu oposto. De certo ponto de vista ele é, portanto, diferente de si; de outro, ele é idêntico a si. Que significa isso? Que ele é relativamente diferente de si e relativamente idêntico a si. Logo, sua identidade não é a unidade absoluta do ser. O *eu* não somente pode como necessita separar-se de si: e tal coisa, longe de ferir a sua essência, é o que a realiza. Há aqui, evidentemente, uma crítica ao princípio de Fichte. Ela se deixa enunciar em poucas palavras. O *eu* é necessariamente autoconsciência; a autoconsciência é cindida e se manifesta necessariamente como o juízo de identidade "eu sou eu". Implicitamente, portanto, o *eu* já contém um juízo, um *Urteil*, uma separação em si mesmo. Sendo inerentemente separado de si próprio, o *eu* não pode, portanto, ser o ser, o *Seyn* absoluto: logo, não pode ser o princípio absoluto.

Além de criticar Fichte, porém, Hölderlin afirma que o ser absoluto somente poderia ser objeto da intuição intelectual, mas não de conhecimento discursivo — e, portanto, de conhecimento filosófico — nenhum. Separando o indissociável sujeito-e-objeto, o juízo filosófico, por sua própria natureza, fica sempre em torno do ser, mas não é capaz de apreendê-lo.

Apesar disso, tal apreensão constitui, como Hölderlin afirma em carta a Schiller, uma "exigência incontornável que precisa ser feita a todo sistema [filosófico]".[13] Este ponto é crucial. Conhecer o absoluto é uma exigência incontornável da própria razão porque, dado que esta, em última análise, se identifica, desde Kant, com a liberdade, ela se recusa a aceitar qualquer limite dado, isto é, qualquer limite que não tenha sido estabelecido por si mesma. Ora, o conhecimento do absoluto é o conhecimento dessa unidade inalcançável pelo juízo. Claramente, há aqui uma aporia: a filosofia faz a si própria uma exigência que, por sua própria natureza, não é capaz de cumprir. Na carta a Schiller, Hölderlin conclui que tal exigência "só pode ser atendida esteticamente, na intuição intelectual, mas, no que diz respeito à teoria [isto é, à fi-

---

13. Friedrich Hölderlin, "Brief an Schiller, 04/09/95". In: _____, *Sämtliche Werke und Briefe*. Munique: Carl Hanser, 1970, v. 2, p. 667.

losofia e à ciência] só através de uma aproximação infinita, como a aproximação do quadrado ao círculo".[14]

No texto "O mais antigo programa do sistema do idealismo alemão", cuja autoria, como já observei, pode ser de Hegel, de Schelling ou de Hölderlin, ou dos três, ou de dois deles, a aporia se desfaz quando a poesia herda a missão da filosofia: "A poesia adquire desse modo uma honra mais alta, ela se torna no fim novamente o que era no princípio: *mestra da humanidade*; pois não há mais filosofia, não há mais história, só a poesia sobreviverá a todas as demais ciências e artes".[15]

Por outro lado, o juízo e o pensamento filosófico, embora não possam alcançar o absoluto, são condições não apenas da ciência e da filosofia, mas do desenvolvimento pleno da razão e da liberdade. Por quê? Porque a razão e a liberdade não se reconhecem como tais antes de se dar a autoconsciência pela qual se tornam críticas e se separam das condições finitas (limitadas) em que contingentemente se exercem. Paradoxalmente, portanto, a razão que reúne e a crítica que separa são diferentes modos ou expressões da mesma liberdade.

O ESBOÇO DE UMA FILOSOFIA DA HISTÓRIA

Na versão definitiva do *Hipérion ou O eremita na Grécia*, a certa altura Hölderlin — inspirado sem dúvida em Schiller — que, numa conferência, comparara a plenitude do homem primitivo à

14. Ibid.
15. Friedrich Hölderlin, Georg W. F. Hegel e Friedrich Schelling. "Das älteste Systemprogramm des deutschen Idealismus". In: Ibid., v. 1.

182

de uma planta —[16] fala da *Pflanzenglück*, isto é, da felicidade vegetal dos primeiros homens:

Da felicidade vegetal começaram os homens e cresceram e cresceram até amadurecer; daí em diante continuaram incessantemente a fermentar, por dentro e por fora, até que hoje a raça humana, infinitamente dispersa, se dá como um caos, de modo que todos os que ainda sentem e veem são acometidos pela vertigem; mas a beleza foge da vida dos homens para o espírito; torna-se ideal o que era natureza e, enquanto por baixo a árvore como que está seca e carcomida, dela ainda surge um cimo fresco, que verdeja ao brilho do sol, como outrora o tronco nos dias da juventude; ideal é aquilo que foi natureza. Ali, nesse ideal, nessa divindade rejuvenescida, reconhecem-se os poucos e se fazem um, pois neles há uma unidade e dela, dela começa a segunda idade vital do mundo.[17]

"Torna-se ideal o que era natureza": essa sentença traz à mente outra, de Schiller. Referindo-se à beleza que se encontra nas coisas naturais, o autor de *Poesia ingênua e sentimental* dizia que "elas são o que fomos; são o que devemos novamente ser"; e explica:

Fomos natureza, como elas, e nossa cultura deve, pelo caminho da razão e da liberdade, levar-nos de volta à natureza. Elas são também a representação de nossa infância perdida, que eternamente nos será o que nos é mais caro; por isso nos enchem de certa nos-

---

16. Friedrich Schiller, "Etwas über die erste Menschengesellschaft nach dem Leitfaden der Mosaischen Urkunde". In: _____, *Sämtliche Werke*, Leipzig: Inselverlag, [s.d.], v. 7, p. 325.
17. Friedrich Hölderlin, "Hyperion oder der Eremit in Griechenland". In: _____, op. cit., v. 1, p. 640.

183

talgia. Ao mesmo tempo, são representação de nossa mais alta realização no plano ideal, de modo que nos transportam a uma sublime emoção.[18]

Duas coisas ressaltam dessas afirmações de Schiller e Hölderlin. A primeira é a importância da categoria de "natureza"; a segunda um deslizamento — que traz à mente as concepções de Hegel e Schelling — do esquema do processo de reflexão transcendental de *Urteil und Seyn* para o esboço de uma filosofia da história.[19]

EXCURSO

Para compreender corretamente esse passo, é preciso em primeiro lugar tomar algumas precauções. Quando se diz que o juízo, por destruir a intuição da unidade do ser, não é capaz de conhecê-lo, o que se está efetivamente afirmando não diz respeito senão ao juízo: diz respeito, é claro, a todo e qualquer juízo, mas nada diz sobre a intuição intelectual ou estética não judicativa. Dizer que juízo algum é capaz de nos dar a conhecer o ser não significa que não seja possível conhecer-se o ser por outros caminhos, como pela intuição intelectual ou estética. Não significa, portanto, que, a partir do primeiro juízo pronunciado por um sujeito — seja ele a humanidade, seja uma cultura particular, seja um indivíduo particular —, esse sujeito deixe de ser capaz do conhecimento intui-

18. Friedrich Schiller, "Über naive und sentimentalische Dichtung". In: _____, op. cit., v. 5, p. 695.
19. Pouco importa aqui se a anterioridade cronológica é do processo de reflexão transcendental ou do esboço de filosofia da história. O que conta é a articulação de ambos.

184

tivo e não judicativo e passe a ser capaz somente do conhecimento judicativo e não intuitivo.

Entretanto, embora seja assim *em princípio*, é importante reconhecer que o fato de que a infância — tanto a individual quanto a coletiva — seja necessariamente um estado intuitivo porém não judicativo, pois não verbal,[20] implica a anterioridade cronológica da intuição em relação ao juízo e, particularmente, em relação ao conceito; logo, ao conhecimento conceitual. Já essa constatação é capaz de sugerir uma divisão rudimentar da história — pelo menos da história do pensamento ou do conhecimento — em duas grandes épocas: em primeiro lugar, a época primitiva, pré-judicativa, exclusivamente intuitiva, e, em segundo lugar, a época subsequente, em que se dá também o pensamento judicativo e conceitual. Esta última, por sua vez, pode ser subdividida em diferentes períodos, segundo a relação entre o modo de pensamento intuitivo e o modo de pensamento judicativo: seja que se encontrem em estado de equilíbrio relativo, seja que um predomine relativamente sobre o outro, seja que o modo de pensamento judicativo se torne exclusivo.

Pois bem, penso que é de fato mais ou menos por esse caminho que corre o pensamento de Hölderlin. Às duas épocas mencionadas, ele adiciona uma terceira, que se situa no futuro. A primeira é a do pensamento intuitivo, em que o homem se integra com o ser ou a natureza; a segunda, a da modernidade, em que o pensamento judicativo, que cinde o ser ou a natureza, acaba por predominar sobre o pensamento intuitivo e desprezá-lo a tal ponto que praticamente o sufoca, de modo que este apenas subsiste entre poucos, particularmente entre poetas e artistas que se encontrem engajados na produção de suas obras; a terceira, futura,

---

20. Trata-se aqui, evidentemente, do sentido etimológico da palavra "in-fantia".

em que o ser humano realiza uma integração superior com a natureza, sem abdicar da razão e da liberdade, conquistadas através da cisão produzida pelo pensamento judicativo. Se a primeira época é anterior à cisão judicativa, a segunda surge em consequência dessa cisão. A cisão, como se disse, ocorre necessariamente — e apenas — no pensamento judicativo. Contudo, como, tendo em mente as importantes consequências que atribui ao predomínio contemporâneo desse modo de pensamento, Hölderlin, por comodidade expositiva, isto é, por uma questão de abreviação, ênfase e generalização, exprime-se frequentemente como se a época moderna mesma fosse cindida e como se nela a humanidade se houvesse separado ou se perdido do ser ou da natureza etc.; e embora, pela mesma comodidade, também eu adote, no que se segue, esse modo de falar, advirto o leitor a levar em conta as ressalvas feitas neste excurso.

FIM DO EXCURSO

No prefácio à penúltima redação do *Hipérion*, lê-se:

Nós todos percorremos uma estrada excêntrica, e não há outro caminho possível, da infância à maturidade. A unidade sagrada, o ser, no único sentido da palavra, perdeu-se para nós, e tínhamos que perdê-lo, se devíamos esforçar-nos por ele e conquistá-lo. Arrancamo-nos do *hen kaí pan*[21] pacífico do mundo para produzi-lo por nós mesmos. Desintegramo-nos da natureza e aquilo que uma vez, como se pode crer, foi um, opõe-se agora a si, e senhoria e escravidão alternam-se em ambos os lados. Muitas vezes para nós

---

21. A expressão grega *hen kaí pan* — ἕν καὶ πᾶν — quer dizer "o um que é também o todo".

é como se o mundo fosse tudo e nós, nada; e outras vezes, como se fôssemos tudo e o mundo, nada. Terminar essa oposição entre o nosso eu e o mundo, restaurar a paz de todas as pazes, mais alta do que toda razão, reunir-nos com a natureza numa totalidade infinita, essa é a finalidade de todo nosso esforço, quer o entendamos quer não. Mas nem o nosso conhecimento, nem a nossa ação, atinge qualquer período da existência em que toda oposição cesse, em que tudo seja um; a linha determinada se reúne com a indeterminada somente numa aproximação infinita.[22]

Nesse texto, distinguem-se claramente as três épocas que mencionei: (1) a da unidade original ("unidade sagrada"), que fica no passado; (2) a da perda da unidade, que fica no presente; e (3) a da unidade recuperada, que fica no futuro.

Contrariando a suposição corrente de que Schiller tenha influenciado Hölderlin no que toca a essas questões, Violetta Waibel sustenta o oposto, isto é, que Hölderlin influenciou Schiller. Em apoio a essa tese, cita um trecho do chamado "Fragmento de Thalia", do *Hipérion*, publicado no final de 1794 (quando o trecho citado de Schiller foi publicado entre 1795 e 1796), em que se lê: "A simplicidade e a inocência dos primeiros tempos morreram para voltar com a educação consumada, e a paz sagrada do paraíso afundou para que o que era apenas dom da natureza refloresça, como propriedade conquistada pela humanidade".[23]

Na verdade, penso que a questão de prioridade é atualmente indecidível e, no fundo, irrelevante, pois o esboço da filosofia da história que aqui se enuncia já constituía uma das possibilidades combinatórias presentes no horizonte intelectual descortinado por Kant, que, na sua *Ideia de uma história geral, do ponto de*

---

22. Friedrich Hölderlin, "Hyperion (vorletzte Fassung)". In: _____, op. cit., p. 559.
23. Violetta L. Waibel, op. cit., p. 125.

vista cosmopolita, admite três condições (*Zustände*) sucessivas da humanidade: uma condição primitiva de selvageria, no passado; uma condição de antagonismo dos homens na sociedade, no presente; e, finalmente, uma condição de uma constituição civil perfeita, no futuro. "Pode-se considerar a história do gênero humano *grosso modo*", diz ele, "como a realização de um plano oculto da natureza para produzir uma constituição estatal internamente — e, para isso, também externamente — perfeita, como a única condição em que possa desenvolver plenamente todas as suas disposições na humanidade."[24]

Do estado de natureza selvagem passa-se, segundo ele, através de uma condição histórica em que "a natureza humana sofre o pior mal, sob a aparência ilusória de bem-estar externo",[25] para um estado que realiza um plano oculto da própria natureza, que, assim, se vê mais plenamente realizada, no fim da história. Se, portanto, alguém tem precedência na autoria dessa concepção da história, cuja origem última, contudo, é sem dúvida neoplatônica, não é Hölderlin nem Schiller, nem Hegel, nem Schelling, mas Kant.

Entretanto, apesar de comum a todos esses autores, a concepção tripartite da história se manifesta de modo diverso, incorporando diferentes elementos, adquirindo variadas funções e integrando-se de modo diferente no pensamento sistemático de cada um deles. Dito isso, é preciso reconhecer que Schiller e Hölderlin encontram-se bastante próximos, nesse ponto.

Em relação a este último, Konrad, na sua interpretação do texto "Sobre o modo de proceder do espírito poético", assim determina essas três épocas, ou, como diz Hölderlin, "estados" (a

---

24. Immanuel Kant, "Idee zu einer allgemeinen Geschichte in weltbürgerlicher Absicht". In: _____. *Werke*. Darmstadt: Wissenschaftliche Buchgesellschaft, 1983, v. 9, p. 45.

25. Ibid.

188

palavra que ele emprega é a mesma de Kant: *Zustände*) do percurso de formação do espírito:

O estado da infância da vida ordinária é o estado excessivamente objetivo da pura entrega. A criação do espírito poético é nele genial, dirigido pelo instinto.

O estado da juventude, o estado intermediário excessivamente subjetivo é caracterizado como o estado da perda do mundo, do puro estar-em-si do espírito. Sua atividade criativa é dirigida pelo juízo, livremente determinada pelo eu, artificial. É o estado do dilaceramento entre tendências contraditórias.

O estado da maturidade não é nem excessivamente subjetivo nem excessivamente objetivo, pois nele a contraposição harmônica entre o sujeito e o objeto é reconhecida e está disponível. A criação do espírito poético é nesse estado a consumação do gênio e da arte, reúne a verdade de ambos os modos de criação e se libera assim da sua unilateralidade e imperfeição.[26]

A UNIDADE ORIGINAL (NATUREZA)

Consideremos a primeira época. "Unidade sagrada", "ser" (*Seyn*), *hen kaí pan*, "natureza": todas essas expressões são equivalentes, nesse contexto. A cada uma delas se opõe à primeira pessoa do plural, isto é, "nós": a unidade sagrada se perdeu para nós; o ser se perdeu para nós; nós nos arrancamos do *hen kaí pan*; nós nos desintegramos da natureza. Quem somos nós?

Evidentemente, somos a humanidade tal como se encontra hoje: tanto Hölderlin quanto eu e o leitor, todos os que vivemos

26. Michael Konrad, *Hölderlins Philosophie im Grundriss*. Bonn: Bouvier Verlag, 1967, p. 38.

189

na modernidade. O ser que é a unidade sagrada é aquele a que se refere o segmento (4) de "Juízo e ser", isto é, o que exprime a ligação entre sujeito e objeto, anterior a qualquer cisão. É por termos noção desse ser que somos capazes de almejar reconstituí-lo, tentando reunir a natureza (objeto) a nós (sujeito). Entretanto, é fundamental entender que, para Hölderlin, o conceito de "natureza" não se reduz ao de objeto. A natureza se apresenta como objeto somente para o sujeito que dela já se separou. É por meio do pensamento de Spinoza que "ser" (*Seyn*) passa a ser tomado como equivalente a "natureza". *Seyn* é a grafia do século XVIII para *sein*. Hölderlin, seguindo Friedrich Jacobi, que, no final do século XVIII, havia esquentado a discussão sobre a filosofia de Spinoza,[27] empregava a palavra *Seyn* tencionando de-

27. São interessantes as circunstâncias que ocasionaram os escritos de Jacobi. Tendo sido informado de que o filósofo Moses Mendelssohn se preparava para escrever uma obra sobre o caráter e os escritos do recentemente falecido poeta Lessing, Jacobi lhe perguntou, através de uma amiga comum, se sabia que Lessing havia sido um spinozista. Foi a partir do choque de Mendelssohn — pois Spinoza era tido por panteísta ou ateu — que Jacobi escreveu, em 1785, *Sobre a doutrina de Spinoza em cartas ao Sr. Moses Mendelssohn* (Friedrich Jacobi, "Über die Lehre des Spinoza in Briefen an den Herrn Moses Mendelssohn". In: _____. *Werke*. Org. de Klaus Hammacher e Walter Jaeschke. Hamburgo: Meiner, 1998, v. 1). Ao fazê-lo, a intenção manifesta de Jacobi era complexa. O que ele queria era, mais ou menos como Pascal havia feito, *mutatis mutandis*, em relação a Descartes, lutar contra as pretensões da filosofia racionalista do seu tempo, que considerava desmesuradas. Entretanto, julgava que o ápice ou a verdade da filosofia puramente racional era o spinozismo que, segundo ele, em última análise, era um ateísmo. Por isso, ao atacar o spinozismo, pretendia atacar toda filosofia puramente racional. Assim, Jacobi via a sua tarefa como quádrupla: primeiro, demonstrar que a filosofia de Spinoza constituía o auge da filosofia puramente racional; segundo, demonstrar que a filosofia de Spinoza, corretamente entendida, era ateia; terceiro, demonstrar que todas as outras filosofias puramente racionais desembocavam — na medida em que fossem consequentes — na de Spinoza; quarto, demolir a filosofia de Spinoza e, com isso, toda filosofia puramente racional. Paradoxalmente, a quarta etapa do trabalho de Jacobi

190

signar aquilo que o autor da *Ethica* chamava de *substantia*.[28] Spinoza fala de *Deus sive substantia* e de *Deus sive natura*, locuções que resultam no lema *Deus sive substantia sive natura*: "Deus, isto é, a substância, isto é, a natureza". É dessa forma que o ser (o *Seyn* de *Urteil und Seyn*) se identifica, para Hölderlin, com a natureza. Isso nos traz à locução *hen kaí pan*. Em Tübingen, ela era o moto dos três amigos, Hegel, Schelling e Hölderlin. Trata-se de uma frase grega que significa "um que é também tudo" (possivelmente derivada do trecho do fragmento B10[29] de Heráclito, que diz "e de todas as coisas uma e de uma todas as coisas") que, segundo Jacobi, era um dos modos pelos quais Lessing exprimia o seu panteísmo spinozista.

O conceito de "natureza" de Hölderlin é também devedor de uma linha de pensamento vitalista e organicista que, vinda do neoplatonismo da Renascença, em particular de Giordano Bruno, resplandece em Shaftesbury, passa por Diderot e Herder, e estimula o Kant da terceira *Crítica*. Contra o dualismo cartesiano de

---

foi praticamente ignorada, enquanto as três anteriores exerceram uma enorme influência na Alemanha, do final do século xviii, de maneira que Jacobi, *malgré lui*, pôs em voga a filosofia de Spinoza. Foi desse modo que esta acabou por fazer parte do fundo filosófico comum a Hegel, Schelling e Hölderlin.

28. No século xx, Heidegger, tendo pinçado em Hölderlin a antiga grafia, diz fazê-lo para "sinalizar que, aqui, o ser (*das Sein*) não será mais pensado metafisicamente" (Martin Heidegger, *Beiträge zur Philosophie* (*vom Ereignis*). Frankfurt Am Main: Vittorio Klostermann, 1994, p. 436). O uso da palavra *Seyn* significaria, portanto, mais um passo na direção da superação da metafísica. Se tivermos em mente que, para Heidegger, um dos erros inaugurais da metafísica havia sido a tradução, por ele considerada degenerescente, da palavra grega *ousía* pela latina *substantia* (Martin Heidegger, *Lettre sur l'humanisme*. Paris: Aubier, 1964, pp. 72-4), essa pretensão não deixa de ser curiosa, pois, para Hölderlin, como para Jacobi, *Seyn* era exatamente a tradução de *substantia*.

29. Heráclito, "Fragmente". In: Hermann Diels e Walther Kranz (Orgs.), *Die Fragmente der Vorsokratiker*. Hildesheim: Weidmann, 1992, v. 1, p. 153.

191

pensamento e extensão, Shaftesbury, à maneira de Aristóteles, toma a alma como a forma, isto é, como o princípio da unidade, da atividade e da finalidade do corpo. Ele o faz, porém, de maneira tão radical que, no fundo, reduz a diferença entre corpo e alma a uma *distinctio rationis*. Cada corpo constitui um sistema organizado pela sua forma. Cada sistema finito constitui um subsistema de um sistema que o abarca. Segundo essa concepção, o universo é — a formulação é de Richard Glauser — "um sistema completamente harmônico de um número indefinidamente grande de subsistemas estratificados, teleologicamente estruturados e relativamente harmônicos",[30] desde Deus, que é a forma do sistema onicompreensivo, isto é, segundo a descrição de Herder,[31] "die Urkraft aller Kräfte, Organ aller Organe"["a força primordial de todas as forças, o órgão de todos os órgãos"], até uma pedra, que já constitui um subsistema complexo. A fórmula de Schelling segundo a qual "a natureza deve ser o espírito visível, o espírito, a natureza visível"[32] exprime essa ideia.

Para Shaftesbury, a beleza, que percebemos na ordem, na proporção, na harmonia, é a verdade. Pois bem, podemos perceber harmonia em qualquer coisa: por exemplo, numa escultura. Para Shaftesbury, não é, evidentemente, a matéria de que é feita a escultura que possui harmonia ou beleza, mas a forma. Ora, o que deu forma à escultura foi a arte que a produziu. Isso quer dizer que, na verdade, aquilo que possui beleza — sendo, por isso, capaz de conferi-la à matéria de que é feita a escultura — é a arte. Essa

---

30. Richard Glauser, "Aesthetic Experience in Shaftesbury". *Aristotelian Society*, Londres, 2002, v. 76, n. 1, p. 32.

31. Johann Gottfried Herder, "Gott. Einige Gespräche über Spinozas System nebst Shaftesbury's Naturhymnus". In: *Philosophie von Platon bis Nietzsche*. Berlim: Directmedia, 1998, p. 29 456. CD-ROM.

32. F. W. J. Schelling, "Ideen zu einer Philosophie der Natur". In: Otto Weiss (Org.). *Sämmtliche Werke*. Leipzig: Fritz Eckardt, 1907, v. 1, p. 152.

constatação lhe permite afirmar que "the art is that which beautifies" ["a arte é aquilo que embeleza"].[33] O passo seguinte generaliza essa declaração com uma proposição que ficou famosa: "So the beautifying, not the beautified, is the really beautiful" ["portanto o embelezante, não o embelezado, é o realmente belo"].[34] Assim, "o belo, o bonito, o formoso nunca estiveram na matéria mas na arte e no desígnio, nunca no corpo mesmo, mas na forma ou no poder formativo".[35] Finalmente, de todas as formas, as mais belas são as que têm o poder de fazer outras formas, que ele chama de "forming forms" ["formas formativas"].[36]

Com base em tais considerações, Shaftesbury estabelece uma hierarquia da beleza tal que, quando plenamente desdobrada, chega a compreender sete graus.[37] Entretanto, os três graus que ele cita em *The Moralists* bastam para dar uma noção de suas ideias. São eles: (1) o grau das formas mortas, que são apenas formadas, porém não são formativas; (2) o das formas formativas finitas que formam as formas mortas; e, finalmente, (3) o da forma formativa infinita, que forma as formas formativas firitas. Prima facie, o ser humano consiste numa forma formativa finita, já que ele forma, como foi dito, obras de arte. Isso significa que ele pode aspirar à beleza do segundo grau. Todavia, as coisas não são tão simples, pois, enquanto a beleza do corpo humano pertence ao primeiro grau, a da alma pertence ao segundo. Mas, além de produzir obras de arte, o ser humano é capaz de educar a si

---

33. Anthony Ashley Cooper Shaftesbury, "Sensus Communis, an Essay on the Freedom of Wit and Humour in a Letter to a Friend". In: Lawrence E. Klein (Org.), *Characteristics of Men, Manners, Opinions, Times*. Cambridge: Cambridge University Press, 1999, p. 322.
34. Ibid.
35. Ibid.
36. Ibid., p. 333.
37. Richard Glauser, op. cit., p. 31.

próprio e aos outros seres humanos: é capaz de se fazer virtuoso e de encaminhar outros à virtude. Nesse sentido, ele mesmo forma formas formativas finitas, de modo que é capaz de participar da beleza do terceiro grau.

Assim como, para Platão, a contemplação da beleza das coisas materiais é apenas o preâmbulo para a contemplação da beleza em si, para Shaftesbury passa-se do entusiasmo pela beleza das formas materiais e criadas ao entusiasmo — isto é, ao deixar-se possuir — pela forma formativa infinita, que é a força criativa. Identificando-se com ela, como diz Cassirer, "o gênio artístico não imita a natureza feita, mas o gênio criador do universo mesmo",[38] pois "a verdade da natureza não se alcança na imitação, mas na criação; porque a natureza mesma, em seu mais profundo sentido, não é o nome coletivo do criado, mas a força criadora de que manam a forma e a ordem do universo".[39]

Em obra cuja ambição sintética se manifesta no próprio título — *Gott: Einige Gespräche über Spinoza's System nebst Shaftesbury's Naturhymnus* [*Deus: alguns colóquios sobre o sistema de Spinoza ao lado do Hino à natureza de Shaftesbury*] —, Herder identifica essa força orgânica suprema com a *natura naturans* de Spinoza, manobra pela qual aquela adquire uma dimensão vitalista, criativa e teleológica. Com isso, a figura do gênio recebe um fundamento ontológico: no mundo em que os seres humanos separaram-se da natureza, o gênio é aquele que com ela mantém uma relação privilegiada: ele é a manifestação e o instrumento da *natura naturans*.

Kant, mais sóbrio, não especula sobre força suprema alguma. Para ele, "o gênio é a disposição mental inata (*ingenium*)

---

38. Ernst Cassirer, *Die Platonische Renaissance in England und die Schule von Cambridge*. Berlim: Teubner, 1932, p. 116.

39. Id., *Die Philosophie der Aufklärung*. Hamburgo: Felix Meiner, 2007, p. 341.

através da qual a natureza dá a regra à arte".[40] A relação privilegiada do gênio com a natureza se limita, desse modo, ao fato de que ele é inato, e não aprendido. O gênio é um resultado de fatores como a potência e a disposição das faculdades humanas, em particular da imaginação e do entendimento, e da relação que elas mantêm umas com as outras. Ele apreende e exprime ideias estéticas, isto é, ideias "que dão muito a pensar, sem que no entanto nenhum pensamento determinado, isto é, nenhum conceito, possa ser-lhes adequado".[41] O campo de atuação do gênio é, por isso, o das belas-artes.

De modo semelhante, embora não idêntico, quando Schiller afirma que "todo verdadeiro gênio deve ser ingênuo, do contrário não é gênio",[42] o que está dizendo é que o gênio é natural, isto é, produto da natureza, e não da arte: e que também aquilo que o gênio produz é natural e não artificial, no sentido de ser espontâneo e não afetado. Kant já havia afirmado que "no que diz respeito a um produto das belas-artes, deve-se estar consciente de que é arte, e não natureza; no entanto, a finalidade na forma do mesmo deve parecer tão livre quanto se fosse um produto da pura natureza".[43]

Assim, Kant já anuncia o passo que viria a ser dado por Schiller. Para este, já não é propriamente a *natureza* o princípio do gênio que produz as belas-artes, mas a *naturalidade*. Ora, a naturalidade — que produz a graça — já não se encontra necessariamente no estado de natureza enquanto tal, mas antes na harmonia espontâ-

---

40. Immanuel Kant, "Kritik der Urteilskraft". In: op. cit., p. 405 (B181).
41. Ibid., B194.
42. Friedrich Schiller, "Über naive und sentimentalische Dichtung". In: _____, op. cit., p. 704.
43. Immanuel Kant, op. cit., p. 404 (B179).

nea entre o ser humano e a natureza, o artificial e o cultural. Essa harmonia ele descobre, em primeiro lugar, na Grécia antiga.

É essa mesma idealização da Grécia antiga — que, na Alemanha, remonta ao historiador da arte Johann Winckelmann — que leva a um desdobramento curioso do esboço da filosofia da história de Hölderlin. Já vimos que, para ele, a natureza corresponde ao ser primordial, anterior à cisão constitutiva do sujeito e do objeto: anterior, portanto, à linguagem conceitual. Dado isso, seria de esperar que a época concreta da história da humanidade que a representasse fosse a do ser humano primitivo e inarticulado. Tratar-se-ia de um estado que, a rigor, seria mais bem classificado de "pré-história" do que de "época" histórica. Na realidade, porém, tanto para ele quanto para Schiller, é a Grécia antiga que proporciona o modelo do estado da infância da humanidade. É que, segundo ambos pensavam, a Grécia antiga representa o momento de harmonia entre o ser humano e a natureza, o momento em que o ser humano, em vez de se opor antagonicamente à natureza, compraz-se em dela fazer parte. Sendo assim, o mundo helênico oferece ao mundo moderno, dilacerado pelas dicotomias entre cultura e natureza, mente e corpo, intelecto e sensibilidade, liberdade e necessidade etc., um contraponto muito mais fecundo do que o estado de selvageria.

De todo modo, o fato é que se nota certa indecisão — tanto de Schiller quanto de Hölderlin — em relação a essa questão. Konrad observa que à primeira vista há, por parte deste último — pelo menos no texto "Sobre o modo de proceder do espírito poético" —, inconsistência na determinação do primeiro estado do percurso de formação do espírito, isto é, do estado em que "o espírito vem a si no outro (no mundo, na natureza): do estado excessivamente objetivo".[44] É que, por um lado, Hölderlin o caracteriza como o

---

44. Michael Konrad, op. cit., p. 53.

estado em que o ser humano "era idêntico ao mundo" e, por outro lado, como o estado em que o ser humano "quer se colocar" como idêntico ao mundo.[45] Ora, pergunta Konrad, como é possível que o homem queira se colocar como idêntico a sua esfera objetiva, no momento em que ele já é idêntico a ela?[46] Sua resposta é que

o estado excessivamente objetivo é o estado da autoconsciência nascente. Na medida em que a autoconsciência ainda deve nascer, o ser humano não tem autoconsciência, ainda é idêntico ao mundo. À medida, porém, que a autoconsciência surge, surge a oposição entre a vida e a personalidade; ambos os lados se reúnem no ato da entrega à vida objetiva, da "acomodação".[47]

A entrega "pressupõe a oposição entre sujeito e objeto; pois, quando sujeito e objeto são um só, o sujeito não pode entregar-se ao objeto".[48] Sendo assim, podemos dividir o estado da natureza entre, por um lado, aquele em que sujeito e objeto não se diferenciaram — que seria aquele em que o homem selvagem conhece a "felicidade das plantas" de que fala Hölderlin, e, por outro, aquele em que, já se tendo separado sujeito e objeto, o ser humano, no entanto, se identifica voluntariamente com a natureza, à qual se entrega. Se o primeiro é o estado da natureza propriamente dito, de modo que pertence à pré-história, o segundo seria o que poderíamos chamar de *estado de naturalidade*, e foi encarnado historicamente pela Grécia antiga.

Creio ser exatamente essa diferença que permite entender

---

45. Friedrich Hölderlin, op. cit., pp. 881-2.
46. Michael Konrad, op. cit., p. 54.
47. Ibid., p. 55.
48. Ibid., p. 59.

um trecho muito controverso de uma carta de Hölderlin a Böhlendorff. Cito-o:

Nada aprendemos com mais dificuldade do que a usar livremente o nacional. E, segundo penso, precisamente a clareza da exposição é-nos originalmente tão natural quanto aos gregos o fogo do céu. Exatamente por isso, estes serão superados antes na bela paixão [...] do que na presença de espírito e na capacidade expositiva de Homero.

Parece paradoxal. Porém o reafirmo e submeto a teu exame e tua disposição: com o progresso da educação, o nacional autêntico torna-se a menor vantagem. Por isso os gregos são menos magistrais no *páthos* sagrado, já que lhes é inato, e, ao contrário, são excelentes na capacidade expositiva, desde Homero, pois esse homem extraordinário foi bastante vital para roubar a sobriedade junônica ocidental para o seu reino de Apolo e assim verdadeiramente apropriar-se do alheio.

Mas o próprio tem que ser tão bem aprendido quanto o alheio. Por isso os gregos nos são indispensáveis. Porém no que diz respeito ao que nos é próprio, nacional, não os alcançaremos, pois, como foi dito, o uso livre do próprio é o mais difícil.[49]

O "fogo do céu" é o sol, o reino de Apolo. *O nascimento da tragédia* não tendo ainda sido escrito por Nietzsche, que ainda demoraria cinquenta anos para nascer, ainda não eram considerados opostos Apolo, como *principium individuationis*, e Dioniso, como a dissolução desse princípio. Para Hölderlin, Apolo também ignora essa oposição, entusiasmando e pondo fora de si, num "páthos sagrado", os seus profetas. Até pouco tempo supunha-se —

49. Friedrich Hölderlin, op. cit., p. 927.

talvez porque, na *Ilíada*, ele seja aliado dos troianos — que Apolo fosse de origem oriental, provavelmente da Lícia. O efeito do fogo de Apolo, deus da música, não é, aqui, diferente do efeito do vinho de Dioniso. Assim como este, também aquele representa a comunhão com a natureza, anterior à cisão. Esse "páthos sagrado" é, para Hölderlin, o estado natural dos gregos anteriores a Homero, isto é, anteriores à poesia e à arte. Tais são os gregos do primeiro estado da natureza. Quanto a Juno ou Hera, ela foi não só inimiga dos troianos mas de Dioniso, tendo arquitetado a morte da mãe dele, Sêmele. Peter Szondi observa que, no *Gründliches Lexicon Mythologicum* utilizado por Hölderlin, Juno, isto é, Hera, representa a sobriedade.[50] Mas Hölderlin talvez tivesse em mente a Juno Ludovisi, uma colossal cabeça de mármore esculpida na Antiguidade, que se supunha pretender retratar a esposa de Júpiter. Schiller exaltou a graça, a dignidade e a autossuficiência de sua expressão, e Herder "a majestade, o esplendor e a grandeza do seu rosto sereno",[51] atributos sem dúvida opostos aos de quem se entrega ao "páthos sagrado". Hölderlin, em carta a Steinkopf, afirma que a poesia "não deve ser apenas explosão apaixonada e caprichosa, nem deve ser uma peça de arte forçada e fria, mas deve surgir ao mesmo tempo da vida e do entendimento ordenador, da sensação e da convicção".[52]

Isso explica por que, segundo ele, Homero, para fazer seus poemas, "roubou a sobriedade junônica ocidental para o seu reino de Apolo"... A sobriedade representa uma primeira separação

---

50. Peter Szondi, *Poetik und Geschichtsphilosophie*. Frankfurt Am Main: Suhrkamp, 1974, v. 1, p. 195.

51. Johann Gottfried Herder, "Sechste Sammlung". In: Heinz Stolpe, Hans-Joachim Kruse e Dietrich Simon (Orgs.). *Briefe zur Beförderung der Humanität*. Weimar: Aufbau, 1971, v. 1, p. 369.

52. Friedrich Hölderlin, "Brief an Friedrich Steinkopf, 18/06/99". In: ibid.

entre sujeito e objeto, ser humano e natureza. Ao mesmo tempo, porém, ela é a condição para a produção dos poemas. O poeta compõe seus poemas quando, entusiasmado pelo fogo de Apolo e das Musas, toma um gole da água sóbria que roubou ao cântaro de Juno. Com esse gole, ele se separa de si apenas o suficiente para poder deleitar-se com sua própria imagem, contraposta a si. Na arte, como diz Hölderlin no *Hipérion*, "rejuvenesce e retorna a si mesmo o ser humano divino. Ele quer sentir-se e, por isso, contrapõe sua beleza a si. Dessa maneira o ser humano deu-se a si próprio os seus deuses. Pois no princípio o ser humano e os seus deuses eram um só, quando era desconhecida de si própria a beleza eterna".[53]

É assim que o autor da *Ilíada* transporta a Grécia do estado da natureza para o estado da naturalidade.

A PERDA DA UNIDADE (HISTÓRIA)

A segunda época da história é a da unidade perdida, a época em que já se cindiu a unidade primordial. Ela tem início com o helenismo alexandrino ou o cristianismo e abarca a nossa modernidade. Por direito, trata-se, é claro, de uma etapa intermediária, oposta tanto à primeira e "sagrada" unidade, que se encontrava no passado, quanto à segunda, recuperada, que se encontrará (talvez) no futuro. Vivemos no mundo que já se cindiu e que ainda não se reunificou. Embora essa cisão tenha sido a condição da liberdade, o mundo cindido é um mundo infeliz. O absoluto original, a unidade primordial do ser ou da natureza já se perdeu. Cada um de nós se toma como sujeito e toma a natureza, da qual

53. Id., "Hyperion oder der Eremit in Griechenland", Ibid., p. 657.

se separou, como objeto. Cada um de nós toma o outro ser humano, do qual se separou, como objeto e é tomado como objeto por ele. Cada um de nós se cinde em mente (sujeito) e corpo (objeto). Ao mesmo tempo, o próprio sujeito, ao refletir sobre si mesmo, cinde-se em sujeito e objeto do pensamento; e o próprio sujeito do pensamento, ao refletir sobre si mesmo, volta a se cindir, incessantemente, sem repouso. Assim, o ser humano continuamente se aliena tanto da natureza externa quanto da natureza humana e mesmo da natureza interna a si próprio. O resultado concreto disso tudo é que o mundo moderno consiste "numa monstruosa multiplicidade de contradições e contrastes", como diz Hölderlin, em carta a Johann Gottfried Ebel:

> Velho e novo! Cultura e brutalidade! Maldade e paixão! Egoísmo em pele de cordeiro, egoísmo em pele de lobo! Superstição e descrença! Escravidão e despotismo! Inteligência irracional, racionalidade sem inteligência! Sentimento sem espírito, espírito sem sentimento! História, experiência, tradição sem filosofia, filosofia sem experiência! Energia sem princípios, princípios sem energia! Força desumana, humanidade sem força! Gentileza hipócrita, impudência desavergonhada! Jovens precoces, homens tolos! Poder-se-ia continuar a ladainha do nascer do sol até a meia-noite sem nomear nem um milésimo do caos humano.[54]

Esse retrato da modernidade deve sem dúvida algo ao Schiller das *Cartas sobre a educação estética do ser humano*, que afirmava: "Assim vê-se o espírito da época oscilar entre a perversão e a brutalidade, a desnaturação e a pura natureza, a superstição e

---

54. Friedrich Hölderlin, "Brief an Johann Gottfried Ebel, 10/01/1797". In: op. cit, p. 717.

a descrença moral, e é só o equilíbrio do mal que ainda, ocasionalmente, estabelece-lhe limites".[55]

Tais textos lembram — e sem dúvida repercutem — as devastadoras diatribes de Jean-Jacques Rousseau. Para dar uma ideia da força — e da desconcertante atualidade — dessas condenações da modernidade, permito-me citar um trecho relativamente longo do *Discurso sobre a origem e os fundamentos da desigualdade entre os homens*:

Os homens são maus, uma triste e contínua experiência dispensa a prova: entretanto o homem é naturalmente bom, creio tê-lo demonstrado: o que é então que pode tê-lo depravado a esse ponto, senão as mudanças ocorridas na sua constituição, os progressos que fez e os conhecimentos que adquiriu? Admire-se tanto quanto se queira a sociedade humana, não será menos verdade que ela leva necessariamente os homens a se entredetestarem à proporção que seus interesses se cruzem, a se prestarem mutuamente serviços aparentes e a se fazerem efetivamente todos os males imagináveis. Que pensar de um comércio em que a razão de cada particular lhe dita máximas diretamente contrárias às que a razão pública prega ao corpo da sociedade, e em que cada um lucra com a infelicidade de outro? Não há talvez nenhum homem rico a quem herdeiros ávidos, e às vezes seus próprios filhos, não desejem secretamente a morte; nenhum navio ao mar cujo naufrágio não seja uma boa notícia para algum negociante; nenhuma casa que um devedor de má-fé não queira ver queimar com todos os papéis que contém; nenhum povo que não se alegre com os desastres de seus vizinhos. É assim que achamos nossa vantagem no prejuízo de nossos semelhantes e que a perda de um faz quase sempre a prosperidade do

---

55. Friedrich Schiller, "Über die ästhetische Erziehung des Menschen in einer Reihe von Briefen". In: ____, op. cit., p. 581.

outro. Mas o que há de mais perigoso ainda é que as calamidades públicas constituem a expectativa e a esperança de uma multidão de particulares: uns querem doenças, outros a mortalidade, outros a guerra, outros ainda a fome... Se me respondem que a sociedade é constituída de tal modo que cada homem ganha ao servir os outros, replicarei que isso seria muito bom, se ele não ganhasse ainda mais ao prejudicá-los. Não há lucro tão legítimo que não seja ultrapassado pelo que se pode fazer ilegitimamente e o malfeito ao próximo é sempre mais lucrativo que os serviços. Não se trata, portanto, senão de achar os meios de se garantir a impunidade, e é nisso que os poderosos empregam todas as suas forças e os fracos toda a sua astúcia.[56]

Também o diagnóstico de Rousseau, segundo o qual os males crescem à medida que os homens se afastam do estado de natureza, pôde, até certo ponto, ser aceito tanto por Schiller quanto por Hölderlin.

Estranhamente, apesar da letra de tantos textos do próprio Hölderlin, Peter Szondi nega — em livro, de todo modo, admirável — que o poeta acreditasse haver uma diferença de princípio, tal como a que aqui delineei, entre a Antiguidade grega e a modernidade. Segundo ele, Hölderlin — ao contrário, por exemplo, de Schlegel, que concebia a formatividade moderna como artificial, em oposição à formatividade natural dos antigos — pensa que toda arte, antiga e moderna, procede do "fundamento comum originário",[57] mencionado pelo poeta no fragmento conhecido como "O ponto de vista a partir do qual temos que olhar a Antiguidade". Esse fundamento seria o impulso à formatividade.

56. Jean-Jacques Rousseau, op. cit., n. 9, pp. 156ss.
57. Friedrich Hölderlin, "Der Gesichtspunkt, aus dem wir das Altertum ansuzehen haben". In: _____, op. cit., p. 846.

Szondi sustenta que, para Hölderlin, o que realmente opõe os modernos aos antigos é o fato de que estes, apresentando-se a nós como uma coleção de obras terminadas e paradigmáticas, obstam ao "nosso impulso original que se dirige a formar o informe, a aperfeiçoar o originalmente natural".[58] Hölderlin estaria, portanto, a defender os direitos da vida "contra a superioridade opressiva do positivo".[59]

Ora, é inegável que no texto citado Hölderlin se preocupa expressamente com a opressão que o positivo, inerte, morto, exerce, na época moderna, sobre a ambição formativa, criativa, vital do ser humano. Entretanto, não se vê por que razão o reconhecimento da vigência dessa opressão teria que ser incompatível com a tese, que Hölderlin manifestamente defende em tantos outros textos, de que há uma diferença de princípio entre a Antiguidade e a modernidade. Parece-me, ao contrário, que é precisamente essa diferença que permite compreender a importância que aquela opressão assume na modernidade. Para Hölderlin, como vimos, a perda da unidade original — ocorrida em consequência das cisões constitutivas da modernidade — reparte tanto a natureza quanto o ser humano, seu cosmo, sua cultura, sua história, em duas esferas mutuamente excludentes: por um lado, na da subjetividade formal — e negativa — e, por outro lado, na das objetividades naturais e artificiais: e positivas. Lembremo-nos de que ele afirmava que, em tal situação, "desintegramo-nos da natureza e aquilo que uma vez, como se pode crer, foi um, opõe-se agora a si, e senhoria e escravidão alternam-se em ambos os lados. Muitas

58. Ibid., p. 845.
59. Peter Szondi, *Poetik und Geschichtsphilosophie*. Frankfurt Am Main: Suhrkamp, 1974, v. 1, p. 190.

vezes para nós é como se o mundo fosse tudo, e nós nada; e outras vezes, como se fôssemos tudo, e o mundo nada".[60]

É porque é na modernidade — entendida no sentido amplo em que acima a defini — que verdadeiramente constituem-se tanto o sujeito (o negativo) quanto o objeto (o positivo), que este pode oprimir aquele (ou vice-versa).

A explicação alternativa — sugerida, sem dúvida, pelo texto do fragmento "O ponto de vista..." — seria a tese de que a modernidade é o estado em que, num mundo desde sempre, ou seja, a-historicamente, dividido entre um polo negativo (e subjetivo) e um polo positivo (e objetivo), uma mudança meramente quantitativa, a saber, uma acumulação excessiva de positividades paradigmáticas, tenha, com a passagem do tempo, acabado por alterar o equilíbrio em benefício do segundo e, correlativamente, em detrimento do primeiro. Essa hipótese me parece insustentável por duas razões. Em primeiro lugar, se, de acordo com ela, o mundo é desde sempre dividido num polo negativo e num polo positivo, então toda natureza e toda cultura também constituem conjuntos de positividades. Se fosse assim, porém, não haveria por que pensar que nos defrontamos com mais positividades paradigmáticas do que os gregos, que certamente conheciam positividades de outra natureza e de outras culturas (até mesmo asiáticas e africanas) que hoje ignoramos. Em segundo lugar — e mais fundamentalmente — dado que o polo subjetivo-negativo é incomensurável com o polo objetivo-positivo, a oposição entre um e outro é, desde sempre, absoluta. Ora, ela seria assim, ainda que houvesse apenas uma positividade no mundo: consequentemente, no que diz respeito a tal oposição, o número de positividades efetivamente existentes não pode fazer diferença alguma.

60. Friedrich Hölderlin, "Hyperion (vorletzte Fassung)". In: _____, op. cit., v. 1, p. 559.

Em vista tanto dessa conclusão quanto do fato de que a hipótese em questão não é coerente com as teses desenvolvidas por Hölderlin em outros textos, parece-me plausível considerar o fragmento em que ela se apoia ("O ponto de vista...") como uma anotação esporádica. Seja como for, a conjectura de Szondi, embora compreensível como uma tentativa de obviar a certas notórias apropriações reacionárias do pensamento de Hölderlin, parece-me desprovida de fundamento.

A UNIDADE RECUPERADA (UTOPIA)

A época infeliz em que o ser humano se opôs à natureza — tanto à interna quanto à externa a si próprio — foi necessária para que ele reconhecesse o seu caráter de ser livre e racional, e, portanto, ético. O ponto alto desse reconhecimento é a afirmação da autonomia ética, que já se anunciara em Shaftesbury, mas que adquire formulação definitiva na *Crítica da razão prática*, de Kant. A importância do reconhecimento da autonomia ética se encontra no fato de que, com ela, destroem-se as principais racionalizações dos autoritarismos político e religioso, que são: a pretensão do último de ser a única fonte dos mandamentos morais, e a do primeiro de ser o zelador dessa moral heterônoma. Hölderlin é plenamente consciente disso; em carta ao irmão, datada de 1793 — logo, um ano após a abolição da monarquia na França e oito meses após o guilhotinamento de Luís XVI —, ele declara:

Amo a geração do próximo século. Pois a minha esperança mais sagrada, a crença que me mantém forte e ativo é a de que nossos netos serão melhores do que nós; a liberdade deve enfim chegar e *a virtude prosperará mais à luz sagrada e ardente da liberdade do que na zona gélida do despotismo.* Vivemos numa época em que tudo prepara melhores dias. Essa semente do iluminismo [*Auf-klärung*], esse calmo desejo e esforço de alguns para a educação do gênero humano será expandido e fortalecido, e dará frutos gloriosos.[61]

Em síntese, pode-se dizer que a aspiração de Hölderlin é de que a liberdade, a racionalidade e a autonomia ética descobertas pelo iluminismo possam realizar-se e expandir-se em todo o mundo, e de que, ao mesmo tempo, sejam superadas as cisões pelas quais elas foram descobertas. A segunda parte dessa aspiração se encontra expressa em inúmeros textos de sua autoria, como, por exemplo, no *Hipérion*:

Eles virão, os teus homens, Natureza! Um povo rejuvenescido rejuvenescer-te-á e serás como sua noiva e a antiga aliança dos espíritos renovar-se-á contigo.

Haverá de ser *uma* única beleza; e a humanidade e a natureza haverão de reunir-se em *uma* divindade onicompreensiva.[62]

Assim também, ao cabo do prefácio, anteriormente citado, à penúltima redação do *Hipérion*, Hölderlin afirma que

não teríamos nenhuma noção daquela paz infinita, daquele ser no único sentido da palavra, nem sequer tentaríamos reunir a natureza a nós, não pensaríamos e não agiríamos, não haveria absolutamente nada [para nós], nós mesmos não seríamos nada [para nós] se não fosse dada aquela unidade infinita, aquele ser no único sen-

---

61. Id., "Brief an den Bruder, Sep. 1793". In: _____, op. cit., v. 2, p. 571. Grifos meus.

62. Id., "Hyperion oder der Eremit in Griechenland". In: _____, op. cit., v. 1, p. 669.

tido da palavra. Ele é dado: como beleza. Ele aguarda, para falar como Hipérion, um novo reino em nós, em que a beleza é rainha.[63]

Conservando a liberdade conquistada, terminar a oposição entre nós e o mundo é, portanto, a finalidade ideal de nossa vida, o ponto para onde convergem nossas ações que, talvez, não possa ser jamais alcançado. Entretanto, ele é dado e se oferece como finalidade ideal na beleza.

Em ensaio célebre, Schiller havia feito uma distinção entre poesia ingênua e poesia sentimental. Notoriamente inadequadas, essas expressões prestam-se a incontáveis mal-entendidos, de modo que, para captar o que significam nesse contexto, recomenda--se pôr entre parênteses os sentidos convencionais das palavras "ingênuo" e "sentimental". O que Schiller quer dizer é que o poeta ou *é* natureza ou *busca* a natureza. "Aquele é o poeta ingênuo; este, o sentimental".[64] Assim, o poeta ingênuo é, em primeiro lugar, o poeta grego, como Homero, que se separa da natureza em que se encontrava imerso, mas o faz apenas para poder namorá-la. O poeta sentimental, de outro modo, é o poeta moderno, que já sofreu a cisão, mas cuja poesia é capaz de, "pelo caminho da razão e da liberdade, levar-nos de volta à natureza",[65] isto é, a uma nova unidade, posterior à cisão. É assim que o que era natureza, para o poeta antigo, torna-se, para o poeta moderno, ideal. De qualquer maneira, o poeta moderno busca a natureza porque, de algum modo, já tem com ela uma relação — que se manifesta também como saudade, nostalgia ou anelo (*Sehnsucht*) — privilegiada. Nesse anelo fundem-se origem e destino. "Sempre no ser

---

63. Id., "Hyperion (vorletzte Fassung)". In: _____, op. cit., v. 1, p. 559.
64. Friedrich Schiller, "Über naive und sentimentalische Dichtung". In: _____, *Sämtliche Werke*. Munique: Carl Hanser, 1962, v. 5, p. 716.
65. Ibid., p. 695.

humano", diz Wilhelm von Humboldt, cujas ideias sobre a Grécia inspiraram Schiller, "aquilo que é o mais consumado liga-se imediatamente ao mais originário, do qual é como que só uma descrição ou tradução mais clara."[66] Schiller parece pensar até que mesmo o poeta moderno e sentimental é, de certo modo — quando genial —, ingênuo, quando diz que "todo gênio verdadeiro é necessariamente ingênuo, ou não é gênio".[67] Essa relação privilegiada com a natureza é expressa por Hölderlin na primeira estrofe de um poema dedicado ao jovem Napoleão quando este, aos olhos do poeta, encarnava a também então jovem república revolucionária que surgira da Revolução Francesa:

Buonaparte

Vasos sagrados são os poetas
Em que o vinho da vida, o espírito
Dos heróis se preserva,

Mas o espírito desse jovem,
O rápido, não explodiria
Qualquer vaso que quisesse contê-lo?

Que o poeta o largue intacto como o espírito da natureza,
Em tal matéria torna-se aprendiz o mestre.

66. Wilhelm von Humboldt, "Über den Charakter der Griechen, die idealische und historische Ansicht desselben". In: _____, *Werke*. Org. de Andreas Flitner e Klaus Giel. Darmstadt: Wissenschaftliche Buchgemeinschaft, 1963, v. 2, p. 67.
67. Friedrich Schiller, "Über naive und sentimentalische Dichtung". In: _____, op. cit., v. 5, p. 704.

No poema ele não pode viver e ficar;
Ele vive e fica no mundo.[68]

Os poetas são vasos sagrados porque neles o vinho da vida, o espírito dos heróis é preservado. O vinho da vida é identificado ao espírito dos heróis. O vinho representa a unidade do espírito e da matéria, pois, vindo da uva, que vem da vinha, que vem da terra, torna os homens espirituosos. Dioniso, filho de Zeus e de Sêmele, uma mortal, é o deus do vinho e da vinha. Também os heróis são rebentos do casamento de deuses com mortais. São, portanto, a unidade de natureza e divindade: a natureza divina ou a divindade natural, isto é, a natureza original. Os poetas preservam em si esse vinho, o espírito dos heróis, e o transmitem aos seus poemas. Os poemas, então, guardam esse vinho ou espírito, que é experimentado pelo leitor. Platão, no diálogo *Íon*, diz que as Musas entusiasmam o poeta, que entusiasma o seu poema, que, por sua vez, entusiasma o rapsodo, que, finalmente, entusiasma a audiência; tudo mais ou menos como um ímã atrai um anel de

---

68. Friedrich Hölderlin, "Gedichte 1796-1799". In: _____, op. cit., p. 217.

Buonaparte

Heilige Gefäße sind die Dichter,
Worin des Lebens Wein, der Geist
Der Helden, sich aufbewahrt,

Aber der Geist dieses Jünglings,
Der schnelle, müßt er es nicht zersprengen,
Wo es ihn fassen wollte, das Gefäß?

Der Dichter laß ihn unberührt wie den Geist der Natur,
An solchem Stoffe wird zum Knaben der Meister.

Er kann im Gedichte nicht leben und bleiben,
Er lebt und bleibt in der Welt.

ferro que atrai um segundo, e assim por diante.[69] Aqui, o que Hölderlin chama de "espírito da natureza" entusiasma o herói, que entusiasma o poeta, que entusiasma o seu poema, que entusiasma o leitor. Buonaparte, porém, parece a Hölderlin um herói moderno, que não apenas restaurará a unidade perdida, mas ao mesmo tempo instaurará a liberdade no mundo. É em virtude dessa missão manifesta que ele não pode nem deve ser *contido* no poema, que, no entanto, o invoca e é por ele, como pelo espírito da natureza, inspirado.

POESIA

Não seria aqui o lugar para recapitular — ou melhor, para tentar restaurar — todas as obsessivas classificações ou seguir todos os meandros do raciocínio de Hölderlin tal como se apresenta nas suas anotações inéditas, fragmentárias e inconclusas intituladas "Sobre o modo de proceder do espírito poético". Remeto o leitor interessado em destrinçar esse texto difícil, porém instigante, a duas obras previamente citadas: à de Konrad, já clássica, e à de Waibel, contemporânea. Limito-me a dizer algumas palavras sobre ele, apenas suficientes para chegar ao conceito que me interessa, que é o de *contraposição harmônica*.

Uma vez que, como se viu em "Juízo e ser", a teoria e o conceito não são capazes de apreender o ser, só a intuição estética, que se dá como beleza, pode fazê-lo. Lê-se no *Hipérion* que

a primogênita da beleza humana, da beleza divina é a arte. Nela rejuvenesce e retorna o próprio ser humano divino. Ele quer sen-

---

69. Platão, "Ion". In: _____, op. cit., v. 3, p. 533e.

tir-se, por isso contrapõe a si a sua beleza. Assim deu-se o ser humano os seus deuses. Pois no princípio o homem e seus deuses eram um, quando era desconhecida de si própria a beleza eterna.[70]

A beleza eterna é desconhecida de si própria exatamente porque ainda não se contrapõe ao ser humano: confunde-se com ele, como ele se confunde com a natureza; confunde-se com o ser. Ela não se apresenta, portanto, enquanto tal. Para fazê-lo, ela tem de se separar do ser humano e este tem de contrapô-la a si. Só então pode ela ser a manifestação do ser — do ser absoluto, não cindido — no ente dado.[71] Isso ocorre na obra de arte que, por isso, é a primogênita da beleza divina. Contudo, para contrapor-se, como ente particular, ao ser humano, é necessário que este já se tenha constituído enquanto sujeito: é necessário, portanto, que já tenha tido lugar, para ele, a cisão constitutiva tanto do sujeito quanto do objeto. É somente então que a arte pode dar-nos o conhecimento do ser, que o discurso conceitual da filosofia não é capaz de atingir.

Em "Sobre o modo de proceder do espírito poético", Hölderlin diz que o poeta deve compreender que "surge uma oposição entre a exigência mais original do espírito, que é a de comunidade e simultaneidade de todas as partes, e a outra exigência, que lhe impõe sair de si e, em belo progresso e alternância, reproduzir-se em si mesmo e em outros".[72]

A comunidade e a simultaneidade de todas as partes do es-

---

70. Friedrich Hölderlin, "Hyperion oder der Eremit in Griechenland". In: _____, op. cit., p. 657.

71. A formulação é de Waibel: "A beleza é a manifestação do ser no ente particular" ("Schönheit ist die Erscheinung desSeins im Dasein"). Violetta L. Waibel, op. cit., p. 179.

72. Friedrich Hölderlin, "Über die Verfahrungsweise des poetischen Geistes". In: _____, op. cit., p. 864.

pírito é o que ele experimenta com a intuição imediata da unidade do ser: é a que ele experimenta enquanto natureza. Como artista, porém, ele tem necessidade de reproduzir essa intuição em outro, isto é, na obra. O artista, ou melhor, o poeta — para falarmos à maneira de Hölderlin —, vê-se, portanto, entre dois polos: o da intuição imediata da unidade do ser, que é o polo da natureza, e o da mediação entre sujeito e objeto, isto é, o da elaboração da obra, que é o polo da arte. Mais fundamental do que esta última mediação, que se dá somente no polo da arte, é a mediação entre cada um dos dois polos mencionados: o da natureza e o da arte.

Em "Fundamento ao Empédocles", texto que se refere à tragédia inconclusa que Hölderlin escreveu sobre o filósofo grego Empédocles, ele classifica o polo da natureza de *aórgico*[73] e o polo da arte de *orgânico*.[74] Longe de ser entendida no sentido convencional, esta última palavra deve ser remetida ao significado etimo-

---

73. "Aórgico", palavra que uso no lugar de *aorgisch*, é provavelmente uma invenção do próprio Hölderlin, articulada a partir (1) do prefixo grego de negação *a-*, (2) da primeira sílaba da palavra grega *órganon*, tomada como raiz desta, e (3) do sufixo adjetivador alemão *-isch*... Como o prefixo *a-* admite a variante *an-* antes de vogais, Schelling, na mesma época, preferiu cunhar a palavra *anorgisch* (Friedrich Wilhelm Joseph Schelling, "Erster Entwurf eines Systems der Naturphilosophie". In: _____. *Sämmtliche Werke*. Tübingen: Cotta, 1856-61, p. 92. Disponível em CD-ROM. Berlim: Total Verlag, 1997). Não seria incorreto traduzir *aorgisch* por "inorgânico", vocábulo de origem francesa, hibridamente construído com um prefixo latino preposto a um radical grego. Entretanto, três considerações me aconselham a preferir o neologismo "aórgico", análogo ao alemão. A mais importante é que a tradução alternativa antes obscureceria do que iluminaria o sentido tencionado por Hölderlin. A segunda é que o termo *aorgisch* jamais foi dicionarizado em alemão, de modo que conserva, nessa língua, a mesma estranheza que "aórgico" em português. A terceira é que, tratando-se de construção sintática e morfologicamente grega, não fica totalmente deslocada em português.
74. Friedrich Hölderlin, "Grund zum Empedokles". In: _____, op. cit., v. 2, p. 116ss.

lógico de "instrumental", enquanto a primeira deve ser entendida como a significar "não instrumental". O aórgico é tido por Hölderlin como o natural, o inconceitualizável, o incompreensível, o insensível, o ilimitável, o universal, o infinito, o indefinido etc.; em contraposição a ele, o orgânico é o artificial, o conceitualizável, o compreensível, o sensível, o limitado, o particular, o finito, o definido etc. Com razão, Salvatore Lo Bue considera o primeiro como o inconsciente e o segundo como o consciente.[75] A não instrumentalidade da natureza implica que ela é não somente origem, mas também fim. A arte, por outro lado — e aqui esta palavra não significa a obra de arte, mas a atividade que a produz —, é o instrumento pelo qual se atinge esse fim.

Pois bem, a questão determinante dos escritos sobre a poesia de Hölderlin diz respeito às condições de possibilidade da mediatização do aórgico pelo orgânico e vice-versa. Não se trata, portanto, apenas de instrumentalização do orgânico pelo aórgico, mas também do aórgico (logo do ininstrumentalizável) pelo orgânico (ou de compreensão do incompreensível, de sensibilidade do insensível, de limitação do ilimitável etc.), de modo que, sem que nenhum deles deixe de ser o que é, consigam, por meio dessa mediatização recíproca, dar-nos a conhecer aquilo que a filosofia não alcança: o ser absoluto.

A solução para esse problema — que não é desprezível — passa por Fichte. Sabe-se que Hölderlin escreveu "Sobre o modo de proceder do espírito poético" sob o impacto da leitura do quarto parágrafo dos *Fundamentos da inteira doutrina da ciência*, que trata da imaginação.[76] A própria ideia de "espírito poético" é sem dúvida inspirada na concepção fichteana de espírito. Em que con-

---

75. Salvatore Lo Bue, "Hölderlin contra Hegel. Per una scienza della logica poietica". *Giornale di Metafisica*, Genova, v. 22, n. 1-2, 2000.
76. Violetta L. Waibel, op. cit., p. 291.

siste o espírito, para Fichte? Em última análise, ele parece identificá-lo com a faculdade de imaginação criativa.[77] A imaginação é a faculdade que flutua (*schwebt*) entre esferas aparentemente inconciliáveis — o eu e o não eu, o sujeito e o objeto, a intuição e o intuído, o finito e o infinito — mediatizando umas pelas outras e sintetizando-as. Em relação a essa alternância do eu entre esferas opostas, Fichte desenvolveu o conceito de *determinação alternante* (*Wechselbestimmung*). Em suas palavras: "Posso partir de qualquer dos contrários que quiser e toda vez, mediante uma ação de determinação, ter determinado também o oposto. Essa determinação mais determinada pode-se apropriadamente denominar *determinação alternante*".[78] E, um pouco adiante, no mesmo texto: "Determinar e ser determinado são, por meio do conceito de determinação alternante, uma e a mesma coisa; assim como o eu põe um determinado *quantum* de negação em si, põe simultaneamente um determinado *quantum* de realidade no não eu e vice--versa".[79] É esse conceito que permite a Hölderlin substituir a intuição imediata da unidade do ser por uma relação de complementaridade. "Inicialmente, a beleza era para ele integração inconcebível", comenta Dieter Henrich; "depois tornou-se-lhe a alternância dos seus momentos".[80] No "Fundamento ao Empédocles", ele aplica a determinação alternante aos conceitos de orgânico, por um lado, e de aórgico, por outro. Como vimos, um é o oposto complementar do outro. Hölderlin concebe essa oposição

77. Johann Gottlieb Fichte, "Über Geist und Buchstab in der Philosophie, Brief 2". In: _____, *Sämmtliche Werke*. Berlim: Veit & Comp., 1845-46, v. 8, p. 290. Disponível no CD-ROM *Fichte im Kontext*. Berlim: Karsten Worm, 1997-9.
78. Johann Gottlieb Fichte, "Grundlage der gesammten Wissenschaftslehre". In: Ibid., v. 1, p. 130ss.
79. Ibid., p. 145.
80. Dieter Henrich, "Hegel und Hölderlin". In: _____ (Org.). *Hegel im Kontext*. Frankfurt: Suhrkamp, 1971, p. 33.

de modo dinâmico, que lembra as operações da dialética de Hegel. Cada um dos termos se torna mais definidamente o que é à medida que se opõe ao outro. Justamente ao fazê-lo, porém, dá-se um processo de fusão de um com o outro. Por exemplo, por meio da sua oposição ao orgânico, levada às últimas consequências, define-se o aórgico, que seria o indefinível, e se torna indefinido o orgânico, que seria o definido.

Desse modo, diz Hölderlin em "Fundamento ao Empédocles", que

a natureza e a arte se opõem na vida pura somente de modo harmônico. A arte é a flor, a consumação da natureza, a natureza somente se torna divina pela articulação com a arte, diferente, porém harmônica. Quando cada qual é totalmente o que pode ser e uma se articula com a outra e supre a deficiência que a outra necessariamente tem para ser inteiramente o que é, para ser o que, enquanto particular, é capaz de ser, então a consumação lá está, e o divino está no meio de ambas.[81]

No texto "Sobre o modo de proceder do espírito poético", Hölderlin caracteriza a tarefa do poeta como a produção daquilo que chama de *das Harmonischentgegengesetzte* — que se pode traduzir como "o harmonicamente contraposto".[82] Ele formula essa exigência nas seguintes palavras, por exemplo:

---

81. Friedrich Hölderlin, "Grund zum Empedokles". In: _____, op. cit., v. 2, p. 116.
82. Konrad sugere que Hölderlin tenha cunhado essa expressão a partir da frase, que se encontra no *Hypérion*, ἐν διαφέρον ἑαυτῷ, "o um que difere de si próprio", que é uma paráfrase de uma proposição que Platão, no "Simpósio" (Platão, op. cit., p. 187), atribui a Heráclito (Michael Konrad, op. cit., p. 33).

O problema de ser livre como um jovem e viver no mundo como uma criança, de ter a independência de um homem culto e a acomodação de um homem comum soluciona-se na observação da seguinte regra: põe-te, por escolha livre, em contraposição harmônica a uma esfera externa, assim como estás, por natureza, em contraposição harmônica em ti mesmo, mas de modo irreconhecível enquanto permaneceres em ti mesmo.[83]

Uma esfera externa é uma parte do mundo. Contrapor-se *tout court* a uma esfera externa é ou bem isolar-se dela ou bem lutar com ela, de modo a transformá-la e/ou ser por ela transformado. Nessa luta, ora o ser humano é vitorioso ora vencido; ora, para ele, o mundo é tudo e ele nada, ora ele é tudo e o mundo nada. Tal é a relação que o ser humano moderno, o ser humano do *Ur-Teil*, o ser humano da separação tem com o mundo.

Contrapor-se *harmonicamente* a uma esfera externa, por outro lado, é reunir-se a ela numa totalidade superior, em que as diferenças não se revelem antagônicas, mas complementares. É assim que, ao se contrapor harmonicamente à esfera externa da linguagem, o poeta produz o poema. Desse modo, ele constitui uma exterioridade em que se reconhece. Essa exterioridade não é mais apenas matéria, pois foi formada pelo espírito.[84]

83. Friedrich Hölderlin, "Über die Verfahrungsweise des poetischen Geistes". In: _____, op. cit., v. 1, p. 879.
84. Apenas para estimular (ou estarei desencorajando?) o leitor, observo que, em "Sobre o modo de proceder do espírito poético", Hölderlin mostra todas as relações possíveis de oposição complementar pelas quais progressivamente se separam e definem e, ao mesmo tempo, cada vez mais se interpenetram o espírito que produz o poema, a matéria que recebe o seu trabalho e o próprio poema; e mostra as relações entre ora a forma, ora o conteúdo do espírito (poderíamos dizer: ora o aórgico, ora o orgânico do espírito) em relação ora à forma, ora ao conteúdo da matéria ou do poema — relação em que, alternativamente, ora a forma, ora o conteúdo de um ou de outro constituem a unidade e a permanên-

Ao contrário das proposições descritivas, como as filosóficas, que são unívocas, na medida em que, ao afirmar alguma coisa, simultaneamente negam as coisas que se opõem a essa afirmação, o poema não quer afirmar coisa alguma em particular e possui a densidade contraditória e a "unidade infinita"[85] dos organismos. O poeta não somente luta com as palavras, mas, como Carlos Drummond no poema "O lutador", faz amor com elas, enlaça-as, acaricia-as, persegue-as, tenta persuadi-las, submete-se a elas, ouve suas queixas, beija-as, apaixona-se por elas, intriga-se com elas, sonha, joga, briga e brinca com elas. E o que acabo de dizer da relação do poeta com as palavras e a linguagem aplica-se também à sua relação com o tema do poema, que também constitui uma esfera externa.

Nessas esferas externas, o poeta se joga inteiro. "A poesia", diz Hölderlin em carta a Steinkopf, "não deve ser apenas explosão apaixonada e caprichosa, nem deve ser uma peça de arte forçada e fria, mas deve surgir ao mesmo tempo da vida e do entendimento ordenador, da sensação e da convicção".[86] É o ser humano integral — sua cultura e sua natureza, sua mente e seu corpo, seu intelecto e sua intuição, seu conhecimento e sua sensibilidade, sua liberdade e sua necessidade, sua sobriedade e sua paixão, sua seriedade e seu humor, em contraposição harmônica à esfera externa da linguagem e do tema, tomados, igualmente, em sua integralidade formal e material — que se lança no poema. É por isso que o poema representa, num nível mais elevado, a unidade perdida de liberdade e necessidade, atividade e passividade, espírito e ma-

---

cia, em oposição à mudança e ao progresso de um ou de outro.

85. Friedrich Hölderlin, "Über die Verfahrungsweise des poetischen Geistes". In: _____, op. cit., v. 1, p. 875.

86. Id., "Brief an Friedrich Steinkopf, 18/06/99". In: _____, op. cit., v. 2, p. 831.

téria, ideia e realidade, sujeito e objeto, constituindo o que Hölderlin chama de "individualidade poética".[87]

METADE DA VIDA

Comecei tencionando relacionar o modo de Hölderlin pensar, como filósofo, *sobre* o mundo, com o seu modo de pensar, como poeta, *o* mundo. O resultado é que o que ele pensa sobre o mundo leva-o ao ceticismo em relação à potência de todo pensar *sobre* o mundo e à afirmação da potência de pensar *o* mundo: para ele, só a poesia, e não a filosofia, é capaz de proporcionar o conhecimento — pela via de uma intuição estético-intelectual — do absoluto. Permitam-me, agora, de acordo com esse resultado, reler o poema de Hölderlin que citei no início destas considerações: "Hälfte des Lebens". Entretanto, para facilitar sua interpretação, não o lerei na bela tradução de Bandeira, mas numa versão mais literal, embora menos bonita.

Metade da vida

Com peras amarelas suspende-se,
Plena de rosas-silvestres,
A terra sobre o lago,
Ó cisnes graciosos,
E, bêbados de beijos,
Mergulhais a cabeça
Na água santa e sóbria.

87. Id., "Über die Verfahrungsweise des poetischen Geistes". In: _____, op. cit., v. 1, p. 875.

219

Ai de mim, onde, se

É inverno, achar as flores, e onde

A luz do sol

E as sombras da terra?

Os muros estão

Mudos e frios, ao vento

batem as bandeirolas.

O título é importante: "Metade da vida". Imediatamente, evoca a ideia de meia-idade. Ostensivamente, trata-se de um poema sobre a passagem do tempo: a chegada do inverno, a chegada da velhice. Aceitemos esse sentido. Adiante, voltarei a esse título. Peras amarelas são peras maduras. A pera é uma fruta suculenta e deliciosa, que mal amadurece e já está prestes a se estragar. Desde a Antiguidade, por isso, funciona como metáfora para a perecibilidade, como em Teócrito:

Ó amores corados como maçãs,

atirem setas no adorável Filino,

atirem, que o miserável não tem pena do meu amigo:

todavia, mais maduro do que pera, as mulheres dizem

Ai ai Filino, já foge a flor da tua beleza.[88]

88. Teócrito, "The poems of Theocritus". In: J. M. Edmonds, *The Greek bucolic poets*. Cambridge: Harvard U. Press, 1991, vii 117ss., p. 102.
ὦ μάλοισιν Ἔρωτες ἐρευθομένοισιν ὁμοῖοι,
βάλλετέ μοι τόξοισι τὸν ἱμερόεντα Φιλῖνον,
βάλλετ᾽, ἐπεὶ τὸν ξεῖνον ὁ δύσμορος οὐκ ἐλεεῖ μευ.
καὶ δὴ μὰν ἀπίοιο πεπαίτερος, αἱ δὲ γυναῖκες,
"αἰαῖ", φαντί, "Φιλῖνε, τό τοι καλὸν ἄνθος ἀπορρεῖ".

O escoliasta comenta que "mais maduro" significa "mais perecível" (*asthenésteros*).[89]

Já as rosas-silvestres ou selvagens revelam que se trata de uma paisagem não cultivada, produto não da arte, mas da natureza: de uma paisagem natural. A rosa é metáfora tradicional da efemeridade e é dedicada a Afrodite, a deusa do amor. Há aqui, portanto, uma insinuação de sentimentos ou emoções fugazes e não domesticados pelo entendimento. Cisne é metáfora de *poeta* desde a Grécia antiga. Platão diz que Orfeu escolheu ser reencarnado como cisne.[90] Antípatro de Sídon diz, num epigrama sobre o poeta Anacreonte:

A tumba de Anacreonte: o cisne de Teio aqui
dorme com sua pura loucura por rapazes.
Um auge lírico ele canta sobre o desejo de
Bathyllo, e o mármore branco tem perfume de hera.
Nem Hades extinguiu os teus amores e na casa
de Aqueronte é da febre de Chipre que padeces.[91]

Também Horácio compara Píndaro a um cisne.[92] Além disso, Aristófanes o associa a Apolo, o deus da poesia.[93]

89. Karl Wendel (Org.). *Scholia in Theocritum vetera*. Leipzig: Teubner, 1914, p. 107.
90. Platão, "Leges". In: _____, op. cit., p. 620a.
91. Antípatro de Sídon, "Epigrama 30". In: *The Greek Anthology VII*. Londres: Harvard University Press, 1993, v. 2, p. 20.
Τύμβος Ανακρείοντος. ὁ Τήιος ἐνθάδε κύκνος
εὕδει χἠ παίδων ζωροτάτη μανίη.
ἀκμήν οἱ λυρόεν τι μελίζεται ἀμφὶ Βαθύλλῳ
ἵμερα, καὶ κισσοῦ λευκὸς ὄδωδε λίθος.
οὐδ' Αίδης σοι ἔρωτας ἀπέσβεσεν, ἐν δ'Αχέροντος
ὢν ὅλος ὠδίνεις κύπριδι θερμοτέρῃ.
92. Horácio, *Odes*. Londres: Macmillan, 1985, v. 25, p. 95.
93. Aristófanes, *Birds*. Org. de N. Dunbar. Oxford: Clarendon Press, 1997, p. 91.

Pois bem, os cisnes, "bêbados de beijos", isto é, entregues aos sentimentos e às emoções, entregues à natureza, mergulham a cabeça "na água santa e sóbria". Lembremo-nos de que Hölderlin diz que Homero, para fazer seus poemas, rouba para o reino de Apolo a sobriedade junônica ocidental. É o que fazem os cisnes — os poetas — ao mergulhar a cabeça na água sóbria.

Metade do poema passa-se, como indicam as peras maduras, no final do verão ou no começo do outono. Não é mais o auge da bela estação: já não estamos no estado da natureza, mas no estado da naturalidade.

Mas a água é também espelho, reflexo, reflexão. Mergulhando nela, o eu mergulha em si. Os cisnes passam da pura integração embriagada com a natureza para o mergulho no espírito, que é o que os torna sóbrios. Eis aqui também outro sentido do título "Metade da vida". A água, como o eu, reflete, isto é, duplica, o mundo; o sujeito transforma a natureza em seu objeto. Ao fazê-lo, porém, ele dela se distancia, torna-a apenas metade da vida, cuja metade é o próprio espírito. Desse modo, ele conquista a sobriedade, a razão e a liberdade, mas perde a embriaguez com que se entregava e integrava ao mundo. Assim prepara-se o segundo plano, que é o da separação, e que se encontra na outra metade do poema.

A separação do eu e do mundo é representada pelo inverno, cuja chegada é lamentada: "Ai de mim...". Observe-se que somente nesse instante se manifesta o sujeito do poema. O mundo tornou-se frio e unidimensional: já não há flores, nem luz do sol, nem sombras, isto é, já não há contrastes, já não há multiplicidade real no mundo do qual o sujeito se separou. Só restam dois objetos: os muros e as bandeirolas ao vento. Os muros frios, alheios, representam a separação: entre o sujeito e o objeto, entre o ser humano e a natureza, entre o ser humano e o ser humano, entre cada ser humano e ele mesmo. Cada objeto tornou-se um muro impenetrável, vedando a passagem e a paisagem. Restam as bandeirolas, batendo ao vento. Enquanto a palavra portuguesa "batem" pode referir-se tanto à imagem das bandeirolas tremulando quanto ao som que fazem, a palavra alemã original, *klirren*, refere-se exclusivamente a esse som. Nesse sentido, o "rangem os cata-ventos" da tradução de Bandeira era, embora menos literal, mais adequado. Ouve-se o som do bater, o que não quer dizer que se vejam as bandeirolas: a formulação insinua antes o oposto. Não lidamos, aqui, com a dimensão espacial do mundo; quando a encontramos, acima, é na forma de muros. O som do tremular ocorre no tempo, como que afirmando a sua passagem. O vento é uma metáfora para a passagem do tempo. Ora, o tempo não é senão, como dizia Kant, "a forma do sentido interno, isto é, da intuição de nós mesmos e de nossa condição".[94] Toda a desolação da paisagem refere--se à separação do eu e do não eu.

Mas a segunda estrofe inicia com uma pergunta: "Ai de mim, onde, se/ É inverno, achar as flores, e onde/ A luz do sol/ E sombras da terra?". À luz do pensamento filosófico de Hölderlin, podemos responder: no poema. É o próprio poema que é a "metade da vida". Ele é vida porque nele o ser humano, que não dispõe, no mundo moderno, senão de uma vida pela metade, tem a intuição estética da contraposição harmônica que constitui a integralidade da vida. Ele é apenas a metade da vida, pois, por um lado, ele não é completo sem o leitor, que constitui a outra metade; e, por outro, a restituição efetiva da vida integral não poderá se dar senão no mundo. Mas, por enquanto, o poema constitui a única noção que nos é dada d'*aquele ser, no único sentido da palavra*.

---

94. Immanuel Kant, "Kritik der reinen Vernunft". In: _____, op. cit., v. 3, p. 80.

13. Sobre *A montanha mágica*, de Thomas Mann[1]

Li *A montanha mágica* pela primeira vez quando adolescente. A imponência do volume sugeria, de fato, uma montanha a ser escalada; quanto à mágica, senti-a desde as primeiras páginas. Na verdade, Thomas Mann extraiu o título desse romance do trecho de *O nascimento da tragédia* em que Nietzsche diz: "Agora a montanha mágica do Olimpo como que se nos abre e mostra as suas raízes. O grego conheceu e sentiu os pavores e horrores da existência: para poder não mais que viver, precisou conceber a resplandecente criatura onírica dos olímpicos". Mas os tempos modernos são outros. Ironicamente, na montanha mágica de Thomas Mann, situada na Suíça, não se encontram seres sobre-humanos, mas humanos enfermos: não a morada dos deuses, mas um sanatório para tuberculosos, do qual o escritor alemão faz um microcosmo em que encena, de modo magistralmente depurado, tanto o enfrentamento quanto o entrelaçamento das

---

1. Este ensaio foi originalmente publicado como "Apresentação". In: Thomas Mann, *A montanha mágica*. Rio de Janeiro: Nova Fronteira, 2006.

diferentes ideias que moviam o espírito europeu nos anos imediatamente anteriores à eclosão da Primeira Guerra Mundial.

Entretanto, *A montanha mágica* não consiste num tratado de filosofia ou de história das ideias, mas num romance. Graças à arte do autor, seus personagens ficam-nos na memória como seres de carne e osso. Alguns são inesquecíveis: a russa Mme. Chauchat, cujos "olhos quirguizes" lembram ao personagem central — o "jovem singelo, ainda que simpático", Hans Castorp — certo colega do ginásio, e contribuem para lhe provocar uma verdadeira obsessão erótica; o holandês Mynheer Peeperkorn (baseado no escritor — Prêmio Nobel de Literatura — Gerhart Hauptmann), que, "robusto e delicado", domina, pela sua presença monumental e pelos seus gestos teatrais, os ambientes em que se encontra, apesar (ou também por causa?) do caráter inconcluso de quase todas as suas afirmações; e sobretudo, pelo menos para mim, o humanista italiano Settembrini e o jesuíta Naphta (que tudo indica ter sido baseado no filósofo Georg Lukács), que se digladiam intelectualmente em torno do espírito de Hans Castorp — e do leitor.

Settembrini é o que Thomas Mann chama, não sem uma pitada de desdém, de *Zivilizationsliterat* ["literato da civilização"], isto é, um intelectual, herdeiro espiritual do humanismo e da Ilustração, nos moldes tradicionais da Europa Ocidental. Sua linguagem é "plástica", como ele mesmo define, e tende a resvalar para a retórica. Interessado na vida mundana, sua figura é, no entanto, um pouco *démodé* e ridícula, tanto que, logo que o vê, Castorp o toma por um tocador de realejo. Naphta deveria representar, ao contrário, a cultura genuinamente alemã e romântica, em oposição àquilo que inúmeros pensadores alemães, tais como Spengler, tomavam como o mito superficial da civilização universal; no entanto, com notável ironia e profundidade, Thomas Mann o caracteriza como judeu da Europa Central, jesuíta e apologista dos valores da Idade Média. Chocantemente feio, ele é, no entanto, ao contrário de Settembrini, impecavelmente elegante e refinado.

"A malícia, senhor", diz Settembrini no seu primeiro encontro com Hans Castorp, "é o espírito da crítica, e a crítica representa a origem do progresso e do esclarecimento." Ao tratar cada um desses dois personagens com irreverência, logo distância crítica, equivalente, Thomas Mann assume plenamente o direito de — nas palavras de Strindberg que ele gostava de citar — "jogar com pensamentos e experimentar com pontos de vista, mas sem se atar a coisa alguma, pois a liberdade é o ar vital do poeta". A verdade é que *A montanha mágica* exemplifica perfeitamente a tese de Schlegel de que "os romances são os diálogos socráticos de nosso tempo. Nessa forma liberal a sabedoria de vida refugiou-se da sabedoria escolar".

De todo modo, talvez a característica mais assombrosa das discussões entre Settembrini e Naphta, para quem os lê no princípio do século XXI, é a sua inteira atualidade. De um lado, o religioso para quem é mister "espalhar o terror para a redenção do mundo e para a conquista do objetivo da redenção, que é a relação filial com Deus, sem a intervenção do Estado e das classes"; de outro, o secularista para quem é imperativo salvar e expandir as conquistas do Renascimento e do Século das Luzes, que, segundo ele, são "personalidade, direitos do homem, liberdade". Essas posições se confrontam e desenvolvem em diálogos memoráveis, e um calafrio nos percorre quando nos damos conta do caráter profético das palavras com que Thomas Mann — bem antes da ocorrência de Auschwitz ou do arquipélago Gulag, ou dos aviões e homens-bomba do nosso tempo — faz Naphta defender, por exemplo, a tese de que "o segredo e a existência da nossa era não são a libertação e o desenvolvimento do eu. O que ela necessita, o que deseja, o que criará é — o terror".

Mas *A montanha mágica* é atual também em outro sentido.

No passado, não faltou quem considerasse a estrutura dos romances de Thomas Mann insuficientemente experimental, em comparação com as dos romances de James Joyce ou Robert Musil, por exemplo. Trata-se de um equívoco. Cada obra de arte é sui generis, e deve ser respeitada e julgada segundo os critérios que ela mesma impõe. Em particular, são inaceitáveis os diagnósticos e as receitas baseados em tendências literárias *à la page*. A arte de Thomas Mann não fica em nada a dever à de Joyce ou Musil. Além disso, não se poderia compreender o caráter experimental de uma obra partir de semelhantes comparações. Convém contemplar a probabilidade de que o autor leve a sério a máxima que repete diversas vezes, ao longo do romance: *placet experiri*, isto é, "convém experimentar". Seria cegueira taxar de conservador um estilo que admite, por exemplo, amplas passagens ensaísticas; que relativiza perspectivisticamente todas as posições espirituais, inclusive as do narrador; que emprega técnicas de composição extraídas da arte musical, como o leitmotiv; que utiliza magistralmente a citação e a alusão; etc.

De todo modo, devo dizer que *A montanha mágica* foi para mim um *Bildungsroman*, isto é, um romance de formação, não apenas no sentido convencional e tradicionalmente reconhecido de que narra o aprendizado intelectual e emocional do já citado Hans Castorp, mas também de um modo muito pessoal, pois contribuiu decisivamente para a minha própria formação intelectual e emocional. Data, com efeito, da época da minha primeira leitura desse livro a decisão de dedicar os meus estudos prioritariamente à filosofia.

É por isso que me foi irresistível o convite para escrever esta apresentação. Aceitei-o, portanto, e reli o livro. Muita paixão literária da juventude perece, quando submetida a um olhar maduro. No caso de *A montanha mágica*, porém, creio que a experiência e os estudos me tenham armado para captar ainda melhor as inúmeras sugestões, alusões e sutilezas que, tendo escapado ao adolescente sem lhe fazerem falta, aumentam o deleite do adulto: o fato é que, para mim, ela se provou uma dessas obras-primas que não apenas resistem ao tempo, mas com ele crescem.

Referências bibliográficas

ABRAMS, M. H. *A Glossary of Literary Terms*. Boston: Thompson Wadsworth, 2005.

ADORNO, Theodor. *Minima moralia*. Frankfurt: Suhrkamp, 1969.

_____. "The Stars Down to Earth". The Los Angeles Times Astrology Column. In: TIEDEMANN, R. (Org.). *Soziologische Schriften II*. Frankfurt: Suhrkamp, 2003.

ALIGHIERI, Dante. "La divina commedia". In: _____. *Tutte le opere*. Milão: Mursia, 1965.

ANDRADE, Carlos Drummond de. "A flor e a náusea". In: _____. "A rosa do povo". In: _____. *Poesia e prosa organizada pelo autor*. Rio de Janeiro: Nova Aguilar, 1988.

_____. "A rosa do povo". In: _____. *Poesia (1930-62)*. Org. de Júlio Castañon Guimarães. São Paulo: Cosac Naify, 2012.

ANTÍPATRO de Sídon. "Epigrama 30". In: *The Greek Anthology VII*. Londres: Harvard University Press, 1993. v. 2.

ARISTÓFANES. *Birds*. Org. de N. Dunbar. Oxford: Clarendon Press, 1997.

ARISTÓTELES. *Aristotelis Opera*. Berlim: De Gruyter, 1960.

_____. "Protrepticus". In: DÜHRING, Ingemar (Org.). *Aristotle's Protrepticus: An Attempt at reconstruction*. Göteborg: Acta Universitatis Gothoburgensis, 1961.

ATHAYDE, Félix. *Ideias fixas de João Cabral de Melo Neto*. Rio de Janeiro: Nova Fronteira, 1998.

AUDEN, W. H. "Squares and Oblongs". In: _____. *The Complete Works of W.H. Auden*. Org. de E. Mendelson. Princeton: Princeton University Press, 2002. v. 2.

BANDEIRA, Manuel. "Poemas traduzidos". In: _____. *Estrela da vida inteira. Poesias reunidas*. Rio de Janeiro: José Olympio, 1966.

_____. "Itinerário de Pasárgada". In: _____. *Poesia completa e prosa*. Rio de Janeiro: José Aguilar, 1967.

_____. "Itinerário de Pasárgada". In: _____. *Seleta de prosa*. Org. de Júlio Castañon Guimarães. Rio de Janeiro: Nova Fronteira, 1997.

BAUDELAIRE, Charles. *Oeuvres complètes*. Paris: Laffont, 1980.

BIERCE, Ambrose. *The Devil's Dictionary*. Disponível em: <www.gutenberg.org/ebooks/972>. Acesso em: 1º set. 2011.

BLOOM, Harold. *The Western Canon: The Books and School of the Age*. Nova York: Riverhead Books, 1994.

BORGES, Jorge Luis. "Los conjurados". In: _____. *Obras completas*. Buenos Aires: Emecé, 1989.

BRECHT, Bertold. *Poemas (1913-1956)*. Trad. de Paulo César de Souza. São Paulo: Editora 34, 2001.

BUE, Salvatore Lo. "Hölderlin contra Hegel. Per una scienza della logica poietica". *Giornale di Metafisica*, Genova, v. 22, n. 1-2, 2000.

CABRAL DE MELO NETO, João. "A educação pela pedra". In: _____. *Obra completa*. Rio de Janeiro: Nova Aguilar, 1995.

_____. *Correspondência de Cabral com Bandeira e Drummond*. Org. de Flora Süssekind. Rio de Janeiro: Nova Fronteira, 2001.

CALVINO, Italo. *Por que ler os clássicos*. São Paulo: Companhia das Letras, 1993.

CAMÕES, Luís de. *Os Lusíadas*. Porto: Porto, 1985.

CAMPOS, Haroldo de. "Poesia e modernidade. Da morte do verso à constelação. O poema pós-utópico". *O arco-íris branco*. Rio de Janeiro: Imago, 1997.

"CANON of the Old Testament". *The Catholic Encyclopedia*, v. 3, 1907. Disponível em: <www.newadvent.org/cathen/03267a.htm>. Acesso em: 15 jan. 2017.

CARPEAUX, Otto Maria. "Poema sujo". In: GULLAR, Ferreira. *Poesia completa, teatro e prosa*. Rio de Janeiro: Nova Aguilar, 2008.

CASSIRER, Ernst. *Die Platonische Renaissance in England und die Schule von Cambridge*. Berlim: Teubner, 1932.

_____. *Die Philosophie der Aufklärung*. Hamburgo: Felix Meiner, 2007.

CATULO. *Poesías (Selección)*. Org. de José Vergés. Barcelona: Bosch, 1967.

CICERO, Antonio. *O mundo desde o fim*. Rio de Janeiro: Francisco Alves, 1995.

_____. *Guardar*. Rio de Janeiro: Record, 1996.

_____. *Finalidades sem fim*. São Paulo: Companhia das Letras, 2005.

_____. *Poesia e filosofia*. Rio de Janeiro: Civilização Brasileira, 2012.

COELHO, Eduardo Prado. "A turva mão do sopro contra o muro". In: GULLAR, Ferreira. *Toda poesia*. Rio de Janeiro: José Olympio, 2015.

DERRIDA, Jacques. "Parergon". In: _____. *La Vérité en peinture*. Paris: Flammarion, 1978.

EAGLETON, Terry. *Literary Theory: An Introduction*. Mineápolis: University of Minnesota Press, 1983.

ELIOT, T. S. "Tradition and the Individual Talent". In: _____. *Selected essays*. Londres: Faber and Faber, 1951.

FICHTE, Johann Gottlieb. *Sämmtliche Werke*. Berlim: Veit & Comp., 1845-6. Disponível no CD-ROM *Fichte im Kontext*. Berlim: Karsten Worm, 1997-9.

FREITAS FILHO, Armando. Depoimento ao Memorial da América Latina. Site do Memorial da América Latina, 2001. Disponível em: <www.memorial.org.br/cbeal/poetas-na-biblioteca/armando-freitas-filho/depoimento-armando/>. Acesso em: 7 abr. 2015.

_____. Entrevista ao Memorial da América Latina. Site do Memorial da América Latina, 2001. Disponível em: <www.memorial.org.br/cbeal/poetas-na--biblioteca/armando-freitas-filho/entrevista-armando/>. Acesso em: 7 abr. 2015.

_____. *Máquina de escrever*. Rio de Janeiro: Nova Fronteira, 2003.

_____. *Raro mar*. São Paulo: Companhia das Letras, 2006.

_____. *Lar*. São Paulo: Companhia das Letras, 2009.

GLAUSER, Richard. "Aesthetic Experience in Shaftesbury". *Aristotelian Society*, Londres, 2002. v. 76, n. 1, pp. 25-54.

GREBE, Paul; DUDEN, Konrad (Orgs.). *Der Grosse Duden: Etymologie*. Mannheim: Bibliographisches Institut, 1963.

GULLAR, Ferreira. "A trégua". *Cadernos de Literatura Brasileira*. São Paulo: Instituto Moreira Salles, n. 6, set. 1998a.

_____. "Entrevista". In: *Poesia Sempre*. Rio de Janeiro: Fundação Biblioteca Nacional, n. 9, mar. 1998b.

_____. *Em alguma parte alguma*. Rio de Janeiro: José Olympio, 2010.

_____. "Na vertigem da poesia — Uma conversa com Ferreira Gullar". In: *Dicta & Contradicta*, São Paulo, n. 5, jun. de 2010. Disponível em: <martinvasques. blogspot.com.br/2013/05/na-vertigem-da-poesia-uma-conversa-com.html>. Acesso em: fev. 2017.

_____. "Do acaso à necessidade". *Folha de S.Paulo*, São Paulo, 30 out. 2011a.

_____. "Entrevista". In: ASSIS, Maria do Socorro Pereira de. *Poema sujo de vidas: Alarido de vozes*. Porto Alegre: Pontifícia Universidade Católica do Rio Grande do Sul, 2011b. Tese (Doutorado em Literatura Brasileira).

_____. *Na vertigem do dia*. 3. ed. Rio de Janeiro: José Olympio, 2013.

_____. *Poema sujo*. São Paulo: Companhia das Letras, 2016.

HEGEL, Georg Wilhelm Friedrich. *Enzyklopädie der philosophischen Wissenschaften*. Frankfurt: Suhrkamp, 1970a. 3 v.

_____. *Phänomenologie des Geistes*. Frankfurt: Suhrkamp, 1970b.

_____. *Vorlesungen über die Ästhetik*. Frankfurt: Suhrkamp, 1970c. 3 v.

_____. *Wissenschaft der Logik*. Hamburgo: Felix Meiner, 1975. 2v.

HEIDEGGER, Martin. *Lettre sur l'humanisme*. Paris: Aubier, 1964.

_____. *Beiträge zur Philosophie (vom Ereignis)*. Frankfurt Am MaIn: Vittorio Klostermann, 1994.

HENRICH, Dieter. "Hegel und Hölderlin". In: _____ (Org.). *Hegel im Kontext*. Frankfurt: Suhrkamp, 1971.

_____. *Der Grund im Bewusstsein*. Stuttgart: Klett-Cotta, n. 152, 1992.

_____. "Hölderlin on Judgment and Being: A Study in the History of the Origins of Idealism". In: _____. *The Course of Remembrance and Other Essays on Hölderlin*. Stanford: Stanford University Press, 1997.

HERDER, Johann Gottfried. "Sechste Sammlung". In: STOLPE, Heinz; KRUSE, Hans-Joachim; SIMON, Dietrich (Orgs.). *Briefe zur Beförderung der Humanität*. Weimar: Aufbau, 1971. v. 1.

_____. "Gott. Einige Gespräche über Spinoza's System nebst Shaftesbury's Naturhymnus". In: *Philosophie von Platon bis Nietzsche*. Berlim: Directmedia, 1998. CD-ROM.

HERÁCLITO. "Fragmente". In: DIELS, Hermann; KRANZ, Walther (Orgs.). *Die Fragmente der Vorsokratiker*. Hildesheim: Weidmann, 1992. v. 1.

HOKUSAI. Prefácio a "Hundred Views of Mount Fuji". In: AMSDEN, Dora; SEIDLITZ, Woldemar von. *Impressions of Ukiyo-e*. Londres: Sirrocco, 2007.

HÖLDERLIN, Friedrich. *Sämtliche Werke und Briefe*. Munique: Carl Hanser, 1970. 2 v.

HOMERO. *Odisseia*. Paris: Belles Lettres, 1992.

HORÁCIO. *Odes*. Londres: Macmillan, 1985.

HUMBOLDT, Wilhelm von. "Über den Charakter der Griechen, die idealische und historische Ansicht desselben". In: _____. *Werke*. Org. de Andreas Flitner e Klaus Giel. Darmstadt: Wissenschaftliche Buchgemeinschaft, 1963. v. 2.

JACOBI, Friedrich. "Über die Lehre des Spinoza in Briefen an den Herrn Moses Mendelssohn". In: _____. *Werke*. Org. de Klaus Hammacher e Walter Jaeschke. Hamburgo: Meiner, 1998. v. 1.

JIMÉNEZ, Ariel. *Ferreira Gullar conversa com Ariel Jiménez*. Trad. de Vera Pereira. São Paulo: Cosac Naify, 2013.

JIMÉNEZ, Juan Ramón. *Diary of a newlywed poet / Diario de um poeta recién casado*. Ed. bilíngue. Trad. de Hugh A. Harter. Susquehanna: Susquehanna University Press, 2004.

JUNQUEIRA, Ivan. *Essa música*. Rio de Janeiro: Rocco, 2014.

KANT, Immanuel. *Werke*. Darmstadt: Wissenschaftliche Buchgesellschaft, 1983, v. 3, 8-9.

_____. "Kritik der Reinen Vernunft". In: _____. *Werke, Darmstadt*: Wissenschaftliche Buchgesellschaft, 1983B. BD. 3.

_____. "Kritik der Urteilskraft". In: _____. *Werke*, Bd.8. Darmstadt: Wissenschaftliche Buchgesellschaft, 1983C.

KONRAD, Michael. *Hölderlins Philosophie im Grundriss*. Bonn: Bouvier Verlag, 1967.

KOTHE, Flávio. *O cânone colonial*. Brasília: Editora Universidade de Brasília, 1997.

KOYRÉ, Alexandre. *Entretiens sur Descartes*. Nova York; Paris: Brentano's, 1944.

LE FOU DE LA PEINTURE: *Hokusai et son temps*. Catálogo de exposição do Centre Culturel du Marais. Paris: CRES, 1980.

MANN, Thomas. *A montanha mágica*. Rio de Janeiro: Nova Fronteira, 2006

MARX, Karl. "Einleitung [zur Kritik der politischen Ökonomie]". In: MARX, Karl; ENGELS, Friedrich. *Werke*. Berlim: Dietz-Verlag, 1956. v. 13.

_____. "Zur Kritik der Hegelschen Rechtsphilosophie: Einleitung". In: MARX, Karl; ENGELS, Friedrich. *Werke*. Berlim: Dietz-Verlag, 1970.

MAUPASSANT, Guy de. *Sur l'eau*. Paris: Gallimard, 1993.

MENDES DE ALMEIDA, M. I.; NAVES, Santuza Cambraia (Orgs.). *"Por que não?"*: *Rupturas e continuidades da contracultura*. Rio de Janeiro: 7Letras, 2007.

MORAES, Vinicius de. *Nova antologia poética*. Org. de Antonio Cicero e Eucanaã Ferraz. São Paulo: Companhia das Letras, 2005.

_____. "Poema sujo de vida". In: GULLAR, Ferreira. *Poesia completa, teatro e prosa*. Rio de Janeiro: Nova Aguilar, 2008.

NIETZSCHE, Friedrich. *Além do bem e do mal*. Trad. de Paulo César de Souza. São Paulo: Companhia das Letras, 1992.

_____. *Genealogia da moral*. Trad. de Paulo César de Souza. São Paulo: Companhia das Letras, 1998.

NOVAES, Adauto (Org.). *Poetas que pensaram o mundo*. São Paulo: Companhia das Letras, 2005.

_____. *Mutações: Elogio à preguiça*. São Paulo: Sesc, 2012.

_____. *Mutações: O silêncio e a prosa do mundo*. São Paulo: Sesc, 2014.

PAGLIA, Camille. "Paglia faz 'terrorismo cultural'". Entrevista a Edney Silvestre. In: *O Globo*, Rio de Janeiro, 22 dez. 1997. Caderno 2, p. 7.

PESSOA, Fernando. *Páginas íntimas e de autointerpretação*. Org. de R. Lind e J. P. Coelho. Lisboa: Ática, 1966.

_____. "O escritor Fernando Pessoa expõe-nos as suas ideias". In ROCHETA, M.I.; MOURÃO, M. P. (Orgs.). *Ultimatum e páginas de sociologia política*. Lisboa: Ática, 1980.

233

PESSOA, Fernando. *Livro do desassossego por Bernardo Soares*. Org. de M. A. Galhoz e T. S. Cunha. Lisboa: Ática, 1982. v. 1.

_____. *Obra poética*. Org. de M. A. Galhoz. Rio de Janeiro: Nova Aguilar, 1986a.

_____. "Carta a Adolfo Casais Monteiro: 13 de janeiro de 1935". In: QUADROS, A. (Org.). *Fernando Pessoa: Escritos íntimos. Cartas e páginas autobiográficas*. Lisboa: Publ. Europa-América, 1986b.

_____. "Notas para a recordação do meu mestre Caeiro". In: LOPES, Teresa Rita (Org.). *Pessoa por conhecer: Textos para um novo mapa*. Lisboa: Estampa, 1990.

_____. "Niilismo — Eremita". In: COELHO, A. P. (Org.). *Textos filosóficos*. Lisboa: Ática, 1993. v. 1.

PÍNDARO. *The Odes of Pindar*. Cambridge: Harvard University Press, 1978.

PLATÃO. *Platonis opera*. Org. de John Burnet. Oxford: Clarendon Press, 1989.

POETRY FOUNDATION. Biography of T.S. Eliot. Disponível em: <www.poetryfoundation.org/poems-and-poets/poets/detail/t-s-eliot>.Acesso em: 15 jan. 2017.

ROUBAUD, Jacques. *Poésie (récit)*. Paris: Seuil, 2000.

ROUSSEAU, Jean-Jacques. *Discours sur l'origine et les fondements de l'inégalité parmi les hommes*. Paris: Éditions Sociales, 1971.

RUSSELL, Bertrand. "In Praise of Idleness". In: _____. *In Praise of Idleness and Other Essays*. Nova York: Routledge, 2004.

SARTRE, Jean-Paul. *La Nausée*. Paris: Gallimard, 1938.

_____. *Qu'est-ce que la littérature?* Paris: Gallimard, 1948.

_____. *Baudelaire*. Paris: Gallimard, 1963.

SCHELLING, Friedrich Wilhelm Joseph. "Ideen zu einer Philosophie der Natur". In: WEISS, Otto (Org.). _____, *Sämmtliche Werke*. Leipzig: Fritz Eckardt, 1907. v. 1.

_____. "Erster Entwurf eines Systems der Naturphilosophie". In: _____. *Sämmtliche Werke*. Tübingen: Cotta, 1856-61. Disponível em CD-ROM. Berlim: Total Verlag, 1997.

SCHILLER, Friedrich. *Sämtliche Werke*. Munique: Carl Hanser; Leipzig: Inselverlag, 1962, v. 5 e 7.

SCHKLOVSKII, Victor. "L'arte come procedimento". In: TODOROV, Tzvetan (Org.). *I formalisti russi*. Torino: Einaudi, 1968.

SCHOPENHAUER, Arthur. "Die Welt als Wille und Vorstellung". In: _____. *Sämtliche Werke*. Frankfurt am MaIn: Suhrkamp, 1986. v. 1.

SECCHIN, Antonio Carlos. "Gullar: obravida". In: GULLAR, Ferreira. *Poesia completa, teatro e prosa*. Rio de Janeiro: Nova Aguilar, 2008.

SENECA, Lucius Annaeus. "Epistula LXXXIV". In : _____. *Ad Lucilium epistulae Morales*. Oxford: Clarendon Press, 1972. v. 2.

SHAFTESBURY, Anthony Ashley Cooper. "Sensus Communis, an Essay on the Freedom of Wit and Humour in a Letter to a Friend". In: KLEIN, Lawrence E. (Org.). *Characteristics of Men, Manners, Opinions, Times*. Cambridge: Cambridge University Press, 1999.

STOBAEUS, Ioannis. *Anthologium*. Berlim: Weidman, 1958.

SZONDI, Peter. *Poetik und Geschichtsphilosophie*. Frankfurt Am MaIn: Suhrkamp, 1974. v. 1.

TEÓCRITO. "The poems of Theocritus". In: EDMONDS, J. M. *The Greek Bucolic Poets*. Cambridge: Harvard U. Press, 1991.

VALÉRY, Paul. *Œuvres*. Paris: Gallimard, 1957.

_____. *Œuvres II*. Paris: Gallimard, 1960.

VARELLA, Alex. *Céu em cima / Mar em baixo*. Rio de Janeiro: Topbooks, 2012.

WAIBEL, Violetta L. *Hölderlin und Fichte 1794-1800*. Paderborn: Schöningh, 2000.

WENDEL, Karl (Org.). *Scholia in Theocritum vetera*. Leipzig: Teubner, 1914.

WITTGENSTEIN, Ludwig. *Zettel*. Cidade do México: Universidad Nacional Autónoma de México, 1979.

YEATS, William Butler. "In the Seven Woods". *Yeat's Poems*. Org. de A. J. Jeaffares. Londres: Papermac, 1990.

ESTA OBRA FOI COMPOSTA EM MINION PELO ESTÚDIO O.L.M. / FLAVIO PERALTA E IMPRESSA EM OFSETE PELA GRÁFICA BARTIRA SOBRE PAPEL PÓLEN SOFT DA SUZANO PAPEL E CELULOSE PARA A EDITORA SCHWARCZ EM MAIO DE 2017

A marca FSC® é a garantia de que a madeira utilizada na fabricação do papel deste livro provém de florestas que foram gerenciadas de maneira ambientalmente correta, socialmente justa e economicamente viável, além de outras fontes de origem controlada.